钱振峰⊙主编

上海文化出版社

# 主编简介

## 钱振峰

1961年4月生于上海，男，祖籍上海市。交通大学经济管理系毕业。高级经济师、高级工艺美术师。中国宝玉石协会理事、中国工艺美术协会玉文化专业委员会副会长、上海玉石专业委员会副主任，上海大学、同济大学客座教授，美国A·S·A首席珠宝评估师，英国M.V珠宝评估师。1975年进入玉雕行业，历任上海玉石雕刻厂副厂长、上海工艺美术商厦总经理、上海工艺美术品服务部有限公司总经理。1997年以来，出版《古今说玉》，发表《浅谈艺术品投资》、《玉文化探密》、《玉器与珠宝》、《遨游翡翠世界》和《白玉籽料》等文章。

来，于是玉器便千姿百态，流光溢彩。譬如，远古时，人们对恶劣的自然环境束手无策，想到天上有神在主宰一切，进而便有人用玉琢成神的形象——那是从天际的彩虹想象出龙的最初形象，玉器中称此为“璜”。我们在红山文化遗址中看到很大的祭坛，祭桌上放的就是这样一块璜。远古人认为天圆地方，晴空万里是吉相，因此那时的玉璧光素无纹。后来想到龙能呼风唤雨，便在璧的边缘雕龙——称“出廓璧”。古代中国作为农业国，人们期望有年年丰收的生存环境，玉璧上往往雕琢谷纹，表达的就是渴望苍天恩赐风和日丽、喜降润雨瑞雪、促使万物生长的强烈愿望。

原始社会解体，奴隶主剥夺了奴隶们自由生存的权利，将玉的享用——人类美好生存的一种诉求形式也剥夺了。此后，玉雕客观上为统治阶级服务，玉被明确划分出等级。战国时期的文献《管子》中有“辟千金者，白璧也”的说法。《礼记》中也有“天子佩白玉；公侯佩山玄玉；大夫佩水苍玉；世祖佩瑜玉”的记载。这真如郭保钧《古玉新诠》中所言：“抽绎玉之属性，赋以哲学而道德化；排列玉之形制，赋以阴阳思想而宗教化；比较玉之尺度，赋以爵位等级而政治化。”众所周知的“和氏璧”后来也被雕成秦始皇的传国玺。传国玺“侧而视之则碧，正而视之色白”，上凿“受命于天，既寿永昌”，当是嬴政欲借白玉的灵性，庇佑他打下的江山能万代相传。秦亡后，历代帝王都千方百计想得到它。这样一块白玉印玺，自此你争我夺地被留传一千两百多年，先后由十几位帝王经手，直至后唐宗主李从珂携印自焚才失踪。秦以降，汉、唐、赵宋各朝帝后的印玺均以上好白玉雕琢而成；即使晚清，我们见到的珍妃玉印，也是白玉。

白玉不仅至尊至贵，还被视为高尚、纯洁。春秋战国时期，以孔子为代表的儒家学派主张“君子比德于玉”，其实也是人们对美好生活的一种诉求；封建时代正直的文人满腔热忱地希冀能用玉实现人与人之间美好的道德规范，后人将此称之为与“玉成其事”。结果，“君子比德于玉”影响千百年。这个“玉” 当然主要指白玉。因为白玉“温润而泽，仁也”，“气如白虹，天也”。在儒家思想的影响下，几乎整个封建时代，都提倡“君子无故，玉不去身”。

汉、唐、宋、元、明，乃至“康、雍、乾”清三代，是中国封建社会的繁荣时期。经济的发展导致城镇增多，人们的日子也比以往好过许多。这时，玉的产出大幅度增长，玉器流向广大民众。除传统的礼仪玉之外，当时的佩玉、饰玉、陈设玉以及器具玉 都雕得非常形象非常生动。人们用多姿多彩的玉器装扮自己和美化生活，同时也想以这些玉来留住眼前的美好光景，敬玉、爱玉、用玉蔚然成风。现在，许多玉器著述都称宋、元、明时代的玉器“世俗化”。这个“世俗化”应该是广大民众使用和佩挂玉器而形成的变化。宋、元、明时代的玉器，艺术形象丰富，寓意非常明确，例如当时盛行的玉雕“持荷童子”，取材于佛教故事，它寄托世人渴望子孙早日成才的强烈愿望。其他诸如“三羊开泰”、“双莲藕”、“五蝠捧寿”、“鱼跃龙门”等艺术形象，以及诸多的山子，也都是平民百姓希望改变现实环境而对幸福生活的一种诉求。这在自命清高的士大夫眼中，显得俗气，但在当时，人们是当作贵重礼物赠送亲朋好友，表达良好的祝愿，并有望玉成其事，流传到今天，就是一件件文化历史内涵非常丰富的文物珍品。

中国的玉器非常直白，同时又很艺术地反映人们对生存环境的诉求。而且，各个时代的玉器反映的诉求内容不一样，都带有鲜明的时代特征。因此，中国的玉器是很有个性的文化；中国的玉雕是经久不衰的传统。

我们今天谈论中国玉器，还应该注意19世纪鸦片战争以后，中国玉器文化曾经遭受的两次浩劫与破坏。一次是西方列强入侵中国后丧心病狂地掠夺，以至于《中国玉器大全》（台北市艺术家出版社 1991 年出版 ）中罗列的玉器品种绝大多数存放在西方的一些大博物馆内，国内几乎都不见有。这让国人扼腕痛心。另一次是 20 世纪 60 年代中期“文化大革命”批判所谓“封、资、修”的时候，民间很多精致的古玉器或被毁坏，或失去了踪影。直到今天，有些老人还心有余悸，不敢佩挂和摆放。但是，深深扎根于中国人民生活中的玉文化，无论外国侵略者还是国内极端分子，都挖不尽、斩不绝；勤劳善良的中国人民对幸福美好的生存环境的追求，就像奔腾不息的江河，即使朔风猖獗，天寒地冻，冰封之下的江水仍一如既往，低吟轻唱，欢快地奔向前方。

现在已进入21世纪，我们正在建设小康社会。这几十年来，伴随国民经济的腾飞，民间佩玉、挂玉非常普遍，对白玉玉器的需求也与日俱增。只须稍加留意，你就不难发现当今大江南北流行的玉器主要有两类，一为高档艺术精品，以陈设器居多；一是用以“纳富避祸”的吉祥玉，诸如观音、辟邪、玉璧、生肖、玉琮、玉翁仲等等。这两类玉器真实地反映了今天中国人民对新生活的热爱，对传统艺术品的崇敬与呵护；同时也反映出太平盛世人们渴望国家长治久安的心态。据悉，领导干部中也有佩玉的，这既是与民同乐，也可以说是心系百姓生存而用以自策的责任感的流露。因为，真正待到哪一天人民不再佩挂吉祥玉，就不再为前途担忧了，整个社会也呈现安居乐业、道不拾遗、夜不闭户的景象；而要进入这种境界，我们还有很长一段路要走。

话说回来，目前民间对白玉的收藏方兴未艾，而人们对白玉尤其和田白玉却缺乏了解，当着和田白玉来源日渐稀少而价比黄金之时，造假之风甚嚣尘上，一些投机者也以次充好，乘虚而入，整个市场于是有点鱼目混珠，真假难辨。面对这些，钱振峰先生心急如焚，早早邀集同道专家，义不容辞地挑起了厘清市场、指导市场的重担。他编撰的《白玉品鉴与投资》这本书，完全是常年在玉器制作和经营领域的实践与体会，他整理和充实前人的知识，总结经验教训，并且注重实用与指导；更难能可贵的是，这本著述运用新知识，把前人的鉴定内容化为科学的剖析，将经验性的感性知识提升到现代科学的高度，这对广大读者有效地识辨玉器真伪，很有帮助。

《白玉品鉴与投资》脱稿，钱先生嘱我写点东西，对当前的玉器市场呼吁一下，以期引起公众重视，于是便有上述文字。同作者一样，我也渴望这本著述能抛砖引玉，以使当前的玉器收藏红红火火，健康发展，促使中国玉器这一传统文化发扬光大，是为序。

2006 年中秋　于旧宅灯下

# 目录 MU LU

## 中编 鉴 定

**·材质篇·**

## ·玉雕工艺篇·

## 下编　评析与营运

# 上编

# 常识

# 一、玉器材质纵览

玉器是中国传统工艺美术品中文化内涵厚重、艺术成就辉煌、经济价值可观的特种工艺美术品。作为人类艺术宫殿中的瑰宝，它也始终为中华民族所喜闻乐见。

玉，以往人们多引用东汉时期许慎所下定义的前半部分，称其为“石之美者”。许慎的定义还有后半部分，是说玉的性质表现在五个方面，即：1、光泽滋润而柔和；2、表里如一，可由外见内；3、轻轻敲击，出声舒扬清越；4、质地坚硬，可折断，但不可弯曲；5、断口有棱角，锋利但不伤人。许慎把玉的这五方面的性质同时冠之以“仁、义、智、勇、絜”，称“五德”。这样，定义就比较全面，并且人性化了。

东汉许慎释玉，其实不是他个人创见，而是对古代中国人与玉关系越趋密切的生动概括。

中华民族对玉的质地、色泽的认识与理解，经历了长达7千年的漫长过程。今天，对很多人来说都耳熟能详的商代殷墟玉、周代礼仪玉、秦始皇“传国玺”和汉代玉衣、唐代首饰玉、宋代玉观音，以及元代渎山大玉海、明代子冈牌，乃至清代琳琅满目的玉雕摆件，都是历史上各时代的玉器经典之作。玉器在历代政治、文化、道德、宗教等方面都起着特殊作用。它们既是物质的观念，又是社会的文化的综合观念。

玉，不仅出自中国，世界上不少国家也出产，只是料种、质地、制作工艺和文化内涵不能与中国玉器比肩。

玉的产出既是世界性的，对玉的诠释便有明确、统一的取向，这需要从地质学、化学、物理学等现代科学意义上给以界定。尤其当前，中国和田玉的产出日渐匮乏，白玉身价成倍陡增，成为投资增值的热门；同时造假欺骗、以次充好等丑恶现象滋生、蔓延，这已经给中国玉文化和中国民间玉器的收藏带来了负面影响，因此就更需要推出科学的认识、鉴定途径与手段；这也就是本书所要讲的软玉与硬玉，以及在软玉的大框架下，对各类软玉尤其白玉的鉴定与评析。

## （一）硬玉与软玉

在国际上，宝玉石界将玉划分为硬玉、软玉。最早提出这种划分的是1863年法国矿物学家德穆尔。他对中国的和田玉与翡翠进行测定后，揭示了翡翠与和田玉在化学成分、矿物成分和物理性质上的不同，并因硬度上的差异，称和田玉为软玉，翡翠为硬玉，同时还指出和田玉的主要矿物成分是闪石类，翡翠的主要矿物是辉石类。

硬玉、软玉虽同属硅酸盐，但组成的成分不同。

从矿物岩石学的角度观察，硬玉和软玉都属于岩石范畴。它们都是由无数细小的矿物组成的矿物集合体。翡翠由两种以上矿物成分集合而成，其主要矿物为硬玉。硬玉的化学名称“钠铝硅酸盐”，分子式为$NaAl[Si_2O_6]$。单斜晶系，单晶少见，常呈致密粒状集合体产出。硬度为摩氏6.5～7.0度，密度3.33g/cm$^3$，抛光后呈玻璃光泽，半透明至不透明，断口可见参差粒状。

翡翠主要产地是缅甸，那里有着当今世界最大的翡翠珠宝原材料市场。我国古代和现代的翡翠，都是从那里进口的。我国古籍记载的翡翠产地有云南西陲、湖北荆门、黑龙江西布哈特和新疆于阗，但目前都未见真有出产。

从矿物学的角度观察，中国的软玉基本上都是以透闪石$Ca_2Mg_5[Si_4O_{11}]_2(OH)_2$为主，内含阳起石等多种成分的多矿物集合体。矿床主要是接触交代成因，单斜晶系，呈针状、纤维状集合体产出。硬度为摩氏6.0～6.5度，密度2.95g/cm$^3$，磨光后光泽呈油脂或半油脂性，半透明或不透明，韧性好，不易碎裂。矿物学上称透闪石族，化学名称是“含水钙镁硅酸盐”。

当然，软玉不仅产于中国，世界上其他国家如俄罗斯、加拿大、朝鲜、新西兰、美国、澳大利亚也有产出。我国的台湾省也有产出，年产量约400吨。但是，世界上最好的软玉产于我国新疆和田，并且历史最悠久。

区分软玉与翡翠的最简便的方法是颜色的对比。因为，软玉多单一颜色，而翡翠多色，仅地子色就有白、藕粉、油青、淡绿等。地子色上面则有绿、褐、墨、赭等色。软玉也有两色的，比如，软玉体内如果含氧化铁成分，会呈现红色或褐色来；含氧化钛，会呈现淡黄色，但这都属于杂色，与翡翠的翡红翠绿或绿白相间，有明显差别。比较难辨别的倒是白翡翠与一般的白玉，多数白翡翠晶粒粗大，能看到结晶面闪光，俗称“冬瓜囊”。一般的白玉往往表现紊乱的纤维状，这需要多看、多比较、多实践、多请教有经验者。

## （二）软玉的性质

认识软玉同认识其他事物一样，都有一个由此及彼、由表及里的过程。

“由此及彼”，即对比、选择。事物只有通过对比，才能见出好与坏、优与劣、长与短、光滑与粗糙，以及柔韧与坚脆、好看与不好看……等等。先民们发现玉，也同样经历这个过程，譬如与土块、与一般的石头（如花岗岩）比较，肯定了玉的坚实、光滑；与彩石的对比，肯定了玉的温润、致密；与一般玉石的比较后，就进一步在光泽、肌理、硬度、色泽等方面，为真正意义上的玉材定位，确认了它的品质，即陈性在《玉纪》中所说：要“体如凝脂，精光内蕴，质厚温润，脉理坚密，声音洪亮”；东汉许慎则总结为“五德”。但是，古人总结和认定的软玉品质，属于感性的、直觉的，如果没有专家以实物进行对照和手把手的传授，要掌握这门知识，变数很多，运用时也往往飘忽不定。现在科学技术发达，要欣赏和鉴定玉器，切实地了解支撑约定俗成的软玉品质的物质因素、物理意义和化学意义上的考量，就显得非常必要。这里谈六个方面的认识。

### 1 认识软玉的“可折断，但不可弯曲”

先讲一桩事例。某城市雕塑“双龙戏珠”，有人提议用钢珠替代玉珠，不料引起反响，认为钢珠缺乏玉珠的魅力，与“双龙戏珠”所体现的传统文化不相配。他们指出，即便从现代认识意义上看，钢珠是纯金属，软玉虽属非金属，但软玉的性能奇特，不亚于钢珠。结果听说还是采用了玉珠。

软玉的矿物学名称为“角闪石”，化学名称“硅酸盐”。质纯的应该呈现极细小的无色透闪石【$Ca_2Mg_5[Si_4O_{11}]_2(OH)_2$】和阳起石【$Ca_2(Mg,Fe)_2[Si_4O_{11}]_2(OH)_2$】那种纤维晶集合体结构。因为透闪石与阳起石都是单斜晶系矿物，这两种矿物的常见晶形为长柱状和纤维状。虽然软玉的密度2.9g/cm$^3$比铁的密度7.8g/cm$^3$要小得多，但玉的硬度比铁要高，承受打击强度也比钢铁高；而且，它的韧性仅次于世界上最韧的黑金刚石，钢刀在玉上是划不出深痕的。所以，古人说它“可折断，但不可弯曲”，并非空穴来风；用它来比喻人的骨气，再恰当不过了。俗话“宁为玉碎，不为瓦全”，意思也明确：宁可像玉一样粉身碎骨，也不愿像一片完整的瓦卑躬屈膝而忍辱偷生。

玉，刚韧兼备，看来确实很稀奇，很可贵，是个宝。

硬度是软玉的重要物理性质，它与软玉的质地、光泽、加工方法都有密切的关系。

## 2 认识软玉的“脉理坚密”与“精光内蕴”

软玉作为一种由微晶透闪石集合体构成的矿物岩，光线能略微透过的，业内人士称之为“有透明度”。软玉多呈微透明状，由此才显示出它特有的标志性品质。

中国人赏玉，很注重玉的内涵。这种“内涵”从科学角度分析，就是软玉质地所表现的内部结构，《玉纪》中称之为“脉理”，其特点是：它所组成的微晶颗粒都非常细小（一般都在0.01mm左右，优质的则在0.01mm以下）；有的在显微镜下都分不清它们的大小和形态，我们称其为“隐晶质”；有的在偏光镜下，大小、形态都看得很清楚，看到它们有长柱状、纤维状以及针状、叶片状等。由于晶质、隐晶质交互出现，颗粒排列方向多样，于是便存在不同的结构。经专家研究，质地比较纯的软玉结构类型有：

### （1）显微毛毡状结构

软玉以毛毡状结构为主要特征。质越纯，这种结构所占比重也越大。因为其微晶颗粒非常细微（$0.0063 \times 0.0036$mm左右），大小均匀，并且呈无定向密集分布，形状就像细毛交织而成的毡毯。我们在偏光镜下看不清它的形态，电子显微镜下才显示出的柱状晶体，长宽比例约3～2∶11。这说明它的质地非常细腻，以至于重锤之下体内不易损伤。

新疆和田玉尤其和田白玉中，这种结构所占比重很大，所以才显示出它的优质优势。

毛毡状结构，大面积消光。

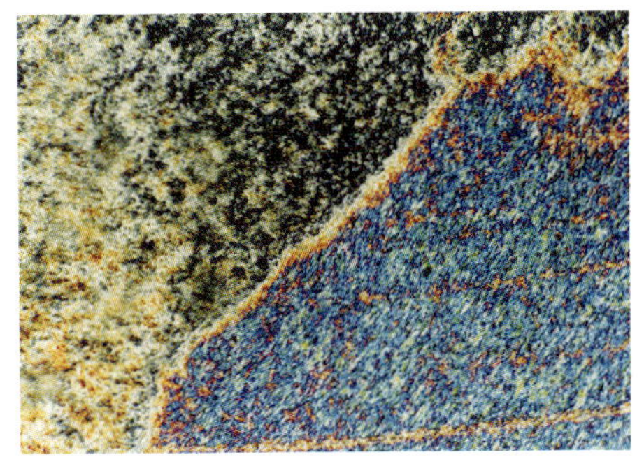

左上为毛毡状结构，大面积消光。右下为微晶透闪石聚集成团块状集合体，可见原矿物双晶。

### (2) 显微纤维变晶结构

它的结构形状也显示纤维状聚集，但微晶排列大致沿长轴定向分布；在扫描电子显微镜下，晶体呈细长柱状，颗粒大小在0.004 × 0.000021mm和0.0021 × 0.00007mm 之间，长宽比例约为 20～30：1。

### (3) 显微叶片变晶结构

它的微晶排列也大致沿长轴定向分布。

在扫描电子显微镜下，晶体形态如同树叶叶片，故名。颗粒大小在0.004 × 0.0008mm 和0.012 × 0.0012mm 之间，长宽比例约为 1.1～4：1。

### (4) 显微纤维隐晶变晶结构

由纤维状和隐晶质透闪石组成，沿长轴定向分布。在扫描电子显微镜下可以观察到，它的隐晶质也由纤维状晶体集合而成，不过颗粒更细。

### (5) 显微叶片隐晶变晶结构

它的结构类同显微隐晶纤维变晶结构，而由叶片状和隐晶质集合体组成。

显微纤维状透闪石沿长轴方向定向分布

叶片状、长纤维状透闪石呈弱定向分布

### (6) 放射状或帚状结构

这样的结构，特征在于微晶的长柱状聚集时呈放射状或扫帚状，软玉中比较少见。

由隐晶质、显微片状、显维纤维状透闪石组成的集合体杂乱分布。

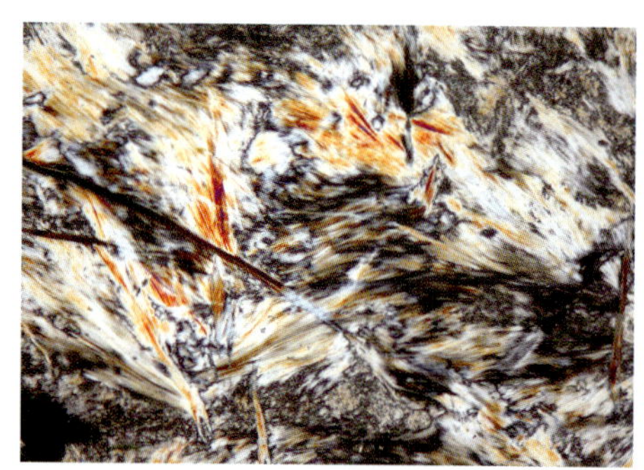

放射状扫帚结构

软玉中如果含有杂质即其他矿物，如镁橄榄石、碳酸盐类矿物、黄铁矿、帘石类矿、磷灰石和磁铁矿等，呈变斑晶出现，就表现为明显的“石斑”、“石花”，质地就会显得粗糙。这在有色软玉中表现得尤其突出。

很显然，软玉质地所表露的结构状态，与它的微晶大小、排列以及微晶颗粒之间的关系完全一致。不同的结构反映软玉质量的优劣，也反映不同的品位，所以才会引起古人、前辈们的密切关注，只是他们所处的时代没有今天这样的科学检测手段。但是，他们的观察赋予更多传统文化韵味，竟无可替代地使我们爱玉、玩玉、赏玉过程中，平添了许多乐趣，丰富了艺术想象力。例如，将一块完好的软玉对光观察，由于它微透明，看上去像是裹着薄膜的体腔，体腔内蕴藏的内容像是另一个让人琢磨不透的世界。新疆羊脂白玉的质地纯净，没有杂质，没有杂色，看上去就有“精光内蕴”的感觉。所谓“精光内蕴”，带有道家的审美理念，那是相对“邪色”、“邪气”而言，说明修炼已经到炉火纯青的地步。对一般的软玉，古人同样很在意内涵，它似透非透，含蓄耐看，于灯光下凝视，或浓雾迷蒙，或云海奔腾，气象万千，变幻无穷，像是水墨酣畅的大写意画卷，也让人神往。

用科学手段去检测，让双眼与想象去感觉，这是两种不同的审美形式。这就好比审视美人的脸庞，用眼睛直接观察，欣赏到的是一种美，用放大镜或显微镜，则是检测皮肤，看镜片下的毛细孔，可能就索然无味。在今天，我们赏析软玉，这两种形式应该结合起来，缺一不可。

## 3 认识软玉的“滋润而泽”

软玉的“滋润而泽”是指它的光泽给人以舒服感。物质对光都有吸收和反射的作用。吸收多，反射少，则光泽弱；吸收少，反射多，则光泽强。这里所说的光泽即玉对光的反射能力。软玉的质地不同，表现的光泽也不同。一般来说，质细而硬，必然光泽强；质粗而软，光泽必然弱。物理学上，这种光泽用折射率、反射比和吸收比之间的关系来表示；玉石业内，则用玻璃光泽、蜡状光泽和油脂光泽予以区分。新疆软玉的光泽带有很强的油脂性，看上去很柔和，很舒服，它不强不弱，给人以滋润感，这就是古人所说的“滋润而泽”。新疆羊脂白玉就以它的光泽酷似割开的羊脂而名闻遐迩。

认识软玉的“滋润而泽”。

## 4 认识软玉的“体如凝脂”

这是抚摩软玉所产生的一种感觉。一块好的软玉，你冬天摸它不冰手，夏天摸它也不感到热，如同正常人的肌肤，很奇特。讲它体如凝脂，就更形象，像羊脂、像猪油，或者像黄澄澄的鸡油（指黄玉），摸上去，油油的，酥酥的，糯糯的。古人不了解其缘由，觉得神秘，甚至把它视为有生命的物质。所以喜欢贴身佩带。从科学上分析，实际上反映软玉对热能、光能的吸收很慢，是对冷热变化的一种惰性表现。

这里特别要指出，软玉的绝大部分都是硅酸盐类矿物，这也是它在常温下，耐强酸、强碱腐蚀的性质稳定，甚至埋于地下几千年依然如故的原因所在。古人不懂，直到今天还有许多人讲不清楚它为什么有这样的性质，因此往往被神化，甚至达到迷信的程度。

认识软玉的“体如凝脂”。

## 5 认识软玉的“出声舒扬清越”

软玉的质地不一样，敲击一下所发出的声音也不一样。根据科学工作者的研究，中国南方所产软玉，玉声轻洁，质地一般。北方尤其新疆软玉，发声清引，“像金磬之余响”，绝而复起，残声远沉，徐徐方尽。那是优质玉料发出的悦音。正如孔子所说：“叩之其声清越以长，其终诎然，乐也。”因此，中国自商代以来，就经常被用来制作打击乐器，称其为“玉磬”。清乾隆年间制成的“清和韶音”特磬和编磬，用的就是新疆软玉。

## 6 认识软玉的不同

### 色相

“色相”指颜色的种类，如红、黄、蓝、白、黑等。

中国软玉的颜色基本上都是单一的，主要可分为白、青、黑、黄、绿等五大类。软玉的这些颜色均天然

认识软玉的“出声舒扬清越”——白玉《玉磬》

形成，并且有一定的形成规律。

从地质学的角度分析，中国绝大部分软玉由酸性侵入岩与白云质大理岩接触交代而成。碧玉则是由超基性的斜方辉石橄榄岩经过热液蚀变而成。青玉、墨玉、黄玉等都是白玉、碧玉蚀变中的过渡变色品种。换句话说，在软玉中，白色为主色，青、墨、黄等都是过渡色。就一般而言，白玉的质地比其他色相的软玉都好。因此，古代白玉的地位与价值遥遥领先，决非偶然。

从化学的角度分析，各类软玉都由化学元素组成。因为软玉的主要矿物成分为透闪石【$Ca_2Mg_5[Si_4O_{11}]_2(OH)_2$】，纯净的透闪石矿物是无色透明的，由纯透闪石组成的软玉就是纯白色。然而，软玉矿床形成中，如果透闪石中渗入铁(Fe)等微量元素，因微量元素的种类和含量不同，就相应地会呈现青、墨、黄或灰白、青白、黄绿、灰绿、墨绿、深绿等色相。

从大量的科学实验中可看出：(1)、软玉的微量元素，依其玉的种和成因类型不同而有差异。(2)、新疆软玉普遍含锰，含量为0.01%～1%；铜在和田玉中含量为0.01%～0.04%者可达半数；铍在和田玉中分布普遍，含量为

认识软玉的不同色相——和田籽料中的各种原石，有白玉、墨玉、青花玉；有的外表还呈现红皮、乌鸦皮等。

0.0005%～0.0002%；新疆碧玉则普遍含有铬、镍和钴等超基性岩特有的元素，说明其矿床成因与超基性岩体有关；铋在和田玉中分布比较普遍，显然亦与矿床成因类型有关。

中国新疆软玉化学成分比较——氧化物含量（%）

| 化学成分＼玉类 | 白玉 | 羊脂玉 | 青白玉 | 青玉 | 墨玉 | 碧玉 |
|---|---|---|---|---|---|---|
| $SiO_2$ | 56.15 | 56.08 | 55.19 | 53.34 | 54.75 | 57.00 |
| $TiO_2$ | 0.08 | 0.00 | 0.00 | 0.08 | 0.00 | 0.018 |
| $Al_2O_3$ | 1.02 | 0.79 | 1.42 | 3.54 | 1.34 | 0.64 |
| $Fe_2O_3$ | 0.62 | 0.50 | 0.53 | 1.28 | 0.14 | 1.48 |
| FeO | 0.78 | 0.78 | 0.68 | 1.84 | 3.92 | 2.85 |
| MnO | 0.18 | 0.07 | 0.08 | 0.18 | 0.04 | 0.07 |
| MgO | 24.08 | 24.82 | 23.83 | 21.78 | 24.08 | 22.33 |
| CaO | 13.20 | 13.23 | 13.20 | 12.73 | 12.84 | 12.68 |
| $Na_2O$ | 0.21 | 0.21 | 0.23 | 0.23 | 0.23 | 0.00 |
| $K_2O$ | 0.10 | 0.10 | 0.23 | 0.23 | 0.10 | 0.08 |
| NiO | | | | | | 0.16 |
| $P_2O_5$ | 0.08 | 0.03 | 0.03 | 0.08 | 0.06 | 0.014 |
| $SO_3$ | 0.11 | 0.16 | 0.27 | 0.11 | 0.23 | 0.11 |
| $CO_2$ | 1.20 | 0.56 | 0.78 | 1.20 | 1.43 | 2.36 |

## （三）软玉品种

中国软玉的主要产地在新疆昆仑山和阿尔金山地区。清人陈性《玉纪》载："玉多产西方，惟西北陬之和阗、叶尔羌所出为最。其玉体如凝脂，精光内蕴，质厚温润，脉理坚密，声音洪亮。产水底有名子儿玉，为上；产山上者为宝盖玉，次之。"是说新疆和田盛产玉，并指出了这种玉的品质和特点。中国古玉的取材虽不全来自新疆和田，但和田玉最好、最著名是肯定无疑的。中国考古所曾请有关单位对殷墟妇好墓出土的一部分玉器(约300件)加以初步鉴定，"鉴定结果，大部均系软玉。其中大部分属青玉；白玉较少；青白玉、黄玉、墨玉、糖玉更少；这几种玉料大体上都是新疆玉。只有三件嘴形器，质地近似岫岩玉；一件玉戈有人认为是独山玉"(郑振香、陈志达《近年来殷墟新出土的玉器》，文物出版社《殷墟玉器》1982年版)。可见新疆和田玉是我国古代最重要的玉材来源。

## 1 白玉

和田羊脂白玉《鹰头》，精光内蕴，体态滋润、凝脂，造型利用了新疆籽料的天然形状，雕工精致，因此很珍贵。

软玉中，白玉最为珍贵。透闪石含量可高达99%，含铁质少，还含微量磷灰石、磁铁矿等。密度2.95g/cm³。白玉中最佳者白如羊脂，称“羊脂白玉”，是玉中上品。羊脂白玉的特点是白、糯、细、润，有“白如割脂”之誉。其本身为白色，但透过灯光带温粉色。数量甚少，价位很高。白玉中多数为一般白玉。一般的白玉，又会呈现不同的白色，故又有“糙米白”、“鱼肚白”等色名，这些命名都是业内人士依据其特点特征形象起名，在实践中要一一比较才能区分。

## 2 青玉

顾名思义，青玉为玉之青色者。由淡青到深青，品种很多，有所谓虾子青、鼻涕青、杨柳青、竹叶青等名目。青玉的透闪石含量为93%～95%，伴生矿物有斜黝帘石、绿泥石、磷灰石、磁铁矿、白钛矿等。质地不如白玉细腻，颜色也不如白玉美。青玉呈变斑状、纤维蒿状变晶结构，局部为毡毯状结构、放射束状结构；有的因含杂质矿物，还会呈现花岗变晶结构、大理岩的残余结构。

白玉或青玉料的外表，有的还被一层厚厚的黄褐色玉皮所包裹，这种玉皮因颜色似红糖色，被业内人士称作“糖皮”。糖皮乃白玉或青玉的外层被氧化所

青玉《壶》

新疆青玉山料原料

致，它的质地与内层的青玉或白玉呈过渡关系。有人称这种裹皮软玉为“糖玉”，但实际上它从属于白玉或青玉，不单划为一个玉种。糖色在玉雕中很有利用价值，所以一直受到青睐。

## 3 青白玉

青白玉以白色为基调，白中隐隐闪绿、闪青、闪灰。常见的有粉青、葱白、灰白等色，属白玉与青玉的过渡品种。青白玉的微细透闪石晶体间有稍大的晶体，其斑晶显长柱状。粒径为0.0006 × 0.002～0.014 × 0.004mm，结构不均匀，可见残余花岗变晶结构，并有晚期微脉透闪石穿插。

白玉、青玉和青白玉在色泽上的区别，主要在于氧化铁（FeO）含量不一样；它们的氧化铁含量随着青玉—青白玉—白玉依次有规律地逐渐降低。

新疆青白玉质地细腻，油脂好，密度高。

## 4 碧玉

碧玉的成因与其他软玉不一样，它由超基性岩经过热液蚀变而成，因此所含镍、钴、铬等超基性岩特有的元素，其他软玉不具备，但质地一般不如白玉细腻。

碧玉产地分布较广，主要产地为中国、加拿大、新西兰、俄罗斯。中国以新疆玛纳斯河产出最著名，称“玛纳斯碧玉”。

碧玉的透闪石含量通常为96%～98%，伴生矿物有铬尖晶石、钙铬榴石、针镍矿、磁铁矿、磁黄铁矿、铬绿泥石等。粒径通常为0.0002 × 0.03～0.05 ×

新疆“玛纳斯碧玉”原料坚硬，呈绿色，其质地细腻滋润，多为致密块状。

玛纳斯碧玉作品《蟹》

0.0026mm。碧玉因含铁质杂质较多，密度3.006g/cm³，相对其他软玉而言就比较大。一般呈放射状杂乱聚斑结构，颗粒细匀部位为纤维状、毡毯状结构；粗杂部位则显菊花状结构。

碧玉的最显著的特点是呈绿至暗绿色，有的可见黑色斑点，乃含杂质所致。其绿有鹦哥绿、松花绿、白果绿等名目，以质地透光、色润如菠菜者为上乘；绿中带灰之色为下品。上好的碧玉色如翡翠，粗看易与翡翠相混，但其黑色星点的特征和在灯光的照射下绿会失色的特点，与翡翠截然不同。古代妇女常以此作头饰，故事“碧玉簪”在民间流传极广。

玛纳斯碧玉与目前我们所能见到的加拿大碧玉相比，显得滋润、坚硬。加拿大碧玉，带铜绿色，玉性明显，有起皮暴性现象。

用加拿大碧玉雕成的《瑞兽驮爵》——海派传统的仿古作品。

玛纳斯碧玉与国外碧玉的化学成分对比 WB/%

| 产地＼化学成分 | $SiO_2$ | $TiO_2$ | $Al_2O_3$ | $Fe_2O_3$ | FeO | MnO | MgO | CaO | $Na_2O$ | $K_2O$ | $H_2O+$ |
|---|---|---|---|---|---|---|---|---|---|---|---|
| 中国玛纳斯 | 54.33 | 0.08 | 0.81 | 1.17 | 3.76 | 0.36 | 22.48 | 11.21 | 0.13 | 0.11 | 3.27 |
| 加拿大 | 55.22 | 0.01 | 2.05 | 0.87 | 3.43 | 0.15 | 21.68 | 12.31 | 0.07 | 0.05 | 3.55 |
| 新西兰 | 56.78 | | 1.08 | 1.29 | 2.93 | | 20.52 | 14.09 | 0.23 | 0.23 | |
| 俄罗斯西伯利亚 | 54.83 | 0.08 | 1.67 | 0.73 | 4.36 | 0.06 | 22.42 | 12.14 | 0.24 | 0.17 | 1.06 |
| 美国阿拉斯加 | 58.11 | | 0.24 | 0.38 | 5.44 | | 21.79 | 12.01 | | | 1.78 |
| 波兰西里西亚 | 57.58 | 0.10 | 1.35 | 0.15 | 4.02 | 0.15 | 20.65 | 13.10 | | | 2.61 |

玛纳斯碧玉中有微量的铬、镍、钴，含量分别为：$Cr_2O_3$ 0.2%～05%，NiO 0.08%～0.16%，CoO 0.004%～0.013%，与和田白玉相比有明显区别。

## 5 墨玉

墨玉的成因有二：一是当碧玉中含杂质多而呈黑色时，形成珍贵的墨碧玉，主要产于新疆玛纳斯一带。二是作为白玉、青玉蚀变中的过渡色品种，有全墨、聚墨、点墨之分，化学成分类似于青玉，主要产于新疆昆仑山、喀拉喀什河和黑山、阿尔金山地区。之所以显现墨色，是含有较多的微细碳质(石墨)所致。其黑色或如点状芝麻，或如片状乌云，或全然纯黑者，其名称则有“乌云片”、“淡墨光”、“美人鬓”等，都是随形取名。

墨玉性质与白玉相同，但质地较硬。墨玉因含有石墨而密度低，常常是几种颜色在一块材料上，有色带，即使是纯黑色，也总还有灰白“地张”(专业术语，泛指衬托面)，犹如黑幕上飘浮的缕缕白烟。墨玉中，黑白对比强烈者，可作巧色作品；全黑色多用于制作器皿，压金银丝嵌宝石后，会取得很好的艺术效果。

新疆墨玉籽料

墨玉作品《小鸡》

## 6 黄玉

黄玉属于珍贵品种，它的矿物、化学成分与和田的白籽料一样，黄色乃体内氧化铁所致。毛毡状显微交织变晶结构，透闪石颗粒非常细微，且大小均一，微透明状，呈油脂光泽。它的硬度略高于白玉，有包括淡黄到深黄各色玉料，如栗色黄、秋葵黄、鸡蛋黄、蜜蜡黄、桂花黄、鸡油黄、虎皮黄等。以鸡油黄、蜜蜡黄、栗子黄为佳。

黄玉作品《马上封侯手把件》，黄嫩，细腻而温润，油脂性强，手感极佳。

黄玉作品《罗汉》

黄玉出自新疆昆仑山地区，产量极少，所以新疆几千年玉材史上偶尔记载。它的身价不在白玉之下。清人谷应泰就认为“玉以甘黄为上，羊脂次之”（《博物要览》）。色纯细润的鸡油黄，价格高于羊脂白玉。清代玉器中，曾见过质地相当好的黄玉，色很正，很娇艳，润如脂，乃软玉中佼佼者。

现在，昆仑山黄玉已绝迹。辽宁岫岩县细玉沟东侧的白沙河河谷底部所出淡黄、青黄色河磨玉，与昆仑山黄玉比较相似，有外皮包裹，质地不如昆仑山黄玉，也没昆仑山黄玉那么娇艳。辽宁岫岩县所出岫玉中，有青黄色者，俗称“黄料”，是一种蛇纹石，更不能与新疆黄玉比肩。

河磨玉中的黄玉作品《弥勒佛》

## 7 河磨玉

河磨玉是一种钙镁透闪石，属于软玉，或称“河料玉”，民间也有称其为“汉玉”、“东北黄料籽玉”和“老山玉”等，产自辽宁岫岩偏岭地区的泥沙砾石层中，由山顶的原生“老玉”矿裸露地表后，经风化破碎成块，然后被洪水沿沟冲至沟外洪积扇河河谷中，经滚磨沉积而成。由于长期滚磨，原生玉石中一些裂隙相对发育，结构疏松部分被磨蚀掉，从而提高了致密坚韧的品质，成为仿古玉器选用的好材料。

这种冲积型软玉矿，呈大小不一的砾石产出，大者可达几吨，小者只有几十克，一般为几公斤至几百公斤。砾石的磨圆度为中等，一般为次圆状或次棱角状。

河磨玉多以淡黄、青黄、青色为主，其本色（玉体部分）、混色（杂色，稍透明部分）和僵块（杂色，不透明部分）合为一体，形成“皮夹肉、肉夹皮”的独有特征。切开砾玉，断面上可见外层有2～4个不同颜色或色调的圈层，这种带色的皮是软玉砾石普遍发育时风化所致，厚度不一，从几毫米至几厘米。由外向内逐渐过渡到最里层的新鲜的软玉玉体，才显现它以白、灰白、淡黄、青

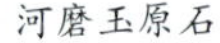

河磨玉原石

河磨玉作品

河磨玉矿料经滚磨沉积而形成“皮夹肉、肉夹皮”的独有特征。这种带色的皮是普遍发育时风化所致，厚度不一。

黄或青色为基调的本色部分；其混色部分呈褐黄、褐红、褐青、黑等色；僵块部分为灰白、褐黄色，由此构成三重色彩。也有局部无皮而能直接见到新鲜玉体的玉料，只是偶尔可遇。带枣红皮色的河磨玉籽料是上乘的优质软玉玉料，其价格也不菲。

## (四) 硬玉、软玉以外的其他玉石

中国的传统玉文化中，玉器所用的材料统称为“玉石”。玉石包括的范围很广，除了国际公认的“软玉”、“硬玉”之外，还有蛇纹石玉（岫岩玉即是）、独山玉、蓝田玉、酒泉玉、玛瑙、松耳石、青金石、孔雀石、水晶、琥珀、珊瑚、芙蓉石等，现分述如下：

### 1 岫岩玉

简称“岫玉”，因产于辽宁岫岩县而得名。其主要矿物是蛇纹石，硬度为摩氏2．5~6.0度，密度2.57g/cm$^3$，质地细腻而均匀，水头较足，但性软。就料质而言，和田玉最佳，南阳玉次之，岫岩玉又次之。

岫玉原石

岫岩玉在我国江苏、浙江一带出土的新石器时代的良渚文化玉器中，均有发现。此外，在上文提到的对殷墟玉器两项鉴定中也提到岫岩玉。可见岫岩玉开采使用历史之悠久。岫岩玉现今开采使用的数

岫玉作品。此岫玉质地细腻均匀，水头足，但硬底较低。

量最多，其颜色也丰富，有白、青、黄、淡黄、浅绿、翠绿等区别，加上玉质细腻，半透明至微透明，蜡状至玻璃光泽，故市场上常常以此冒充软玉出售。珠宝玉器行里则称之为“新山玉”，而把青玉等软玉称作“老山玉”。这里的“新”、“老”当然不是一种时限概念，而是区别岫岩玉和软玉的一种行话。之所以称“山玉”，是因为玉有山产、水产之分。岫岩玉、软玉也很容易区分。其一，岫岩玉的斑斑驳驳的花纹与蛇皮相似，有蜡状光泽；其二，岫岩玉硬度不如软玉，易吃刀。

## 2 独山玉

产于河南省南阳市北8公里的独山，故名，又称“南阳玉”。它与硬玉、软玉化学成分不同，是一种以硅酸钙铝和硅酸钠铝为主的含有多种矿物的蚀变斜长岩。硬度为摩氏6.0~7.0度，密度2.70~3.09g/cm$^3$，颜色有白、绿、紫、黄、青等，优质绿色者几乎可与翡翠媲美，所以国外有人称其为“南阳翡翠”。独山玉的历史地位过去没有引起足够的重视，其实，在新石期时代晚期就被开采，南阳县出土的一件独山玉玉铲，经鉴定就是新石器时代晚期的产物。殷墟出土的有刃玉石器中的7件玉

独山玉原料

独山玉作品

独山玉白色似白玉，绿色似翡翠，但匀绿色者很少。

器，质料也全是独山玉(李济：《殷墟有刃石器说》，《历史语言研究所集刊》第23期)。此外，对殷墟妇好墓出土的约300件玉器的鉴定结果，其中有一件玉戈被认定是独山玉。对殷墟妇好墓出土的约40余件玉器标本初步鉴定，“其多数与现在辽宁岫岩玉接近，少数与河南南阳玉接近，极个别的与新疆和阗玉相似”(参见中国社科院考古研究所安阳工作队：《安阳殷墟五号墓的发掘》，《考古》)1977年第2期)。由此可见独山玉的历史地位。由于南阳地处我国中原，在古代交通不发达的情况下，独山玉可能是我国古代玉材的主要来源之一。

独山玉的质量，主要依颜色、透明度来决定，最好的是脂白和绿色的微透明体。脂白似白玉，绿色似翡翠，但匀绿色者很少。

## 3 蓝田玉

最早，《汉书 · 地理志》中就有蓝田“出美玉”的记载，以后的《后汉书 · 外戚传》、张衡的《西京赋》和《广雅》、《水经注》、《元和郡县图志》等古籍中也都有蓝田产玉的记载。然而，明代万历年间，宋应星在《天工开物》中提出：“所谓蓝田，即葱岭(昆仑山)出玉之别名，而后世误以为西安之蓝田也。”以后章鸿钊先生在《石雅》中又进一步发挥说：“葱岭之蓝田，名以示玉之所出；西安之蓝田，又以示玉所聚耳。”以为西安之蓝田是西域的美玉输入中原的集散地。这样，蓝田究竟产出不产出玉就有争议了。为此，著名考古学家夏鼐先生1980年专门托友人带回一块蓝田玉标本，经鉴定得知这是一种变质岩，其中白色和灰色部分为大理石，绿色条带是所谓的“菜玉”(一种色绿似菜叶的玉石)，性质和岫岩玉相似(以上参见夏鼐《有关安阳殷墟玉器的几个问题》，文物出版社《殷墟玉器》1982年版)。由此终于明白了蓝田产玉是可信的，只是这种玉石不很美观，质量较差而已。现今的蓝田仍开采玉材，其硬度为摩氏4.0度左右，较易加工。玉坑的地点就在著名的蓝田猿人化石出土地点公王岭后面的玉川山。

## 4 酒泉玉

产于甘肃酒泉附近山中，因山称祁连山，故也称祁连玉。玉色暗绿，有较多的黑色斑点，其矿物成分主要是蛇纹石，与岫岩玉相同，但玉色极易与岫岩玉相区别。当地人用它制成小酒杯，称“夜光杯”，以昂其值。其实古代夜光杯乃“白玉之精”(即今软玉中的羊脂玉)所制作，夜光是指月光可透过酒杯映出月影，并非玉杯在晚上可自行发光。况且酒泉玉也不是晚上会发光的所谓“夜光石”。

## 5 玛瑙

红玛瑙作品《蕉叶炉》

玛瑙本为“马脑”，因其颜色和美丽的花纹似马脑，故而有“马脑变石”之说。后因“马脑”属玉，才改为“玛瑙”一词。我国古代亦称“琼玉”或“赤玉”。其矿物主要是隐晶质石英(玉髓)，硬度为摩氏6．5~7.0度，密度2．60~2.65g/cm$^3$。玛瑙纯者为白色，因含其他金属元素，出现灰、褐、红、蓝、绿、黑等色，有时几种颜色相杂或相间出现，有透明至微透明，玻璃光泽。

玛瑙也是我国传统玉材，在各地的出土饰器中，常见成串的玛瑙珠项饰，或玛瑙杯等制品。古代的玛瑙既有来自西域、印度、波斯等国的贡品，也有产自我国内地的。现在其产地主要在我国东北三省，印度、巴西也有。玛瑙在古代常与珍珠并称，属珍宝之列。因其出产量较大，现代玛瑙的价值并不算太高。

玛瑙因颜色和纹带形态的不同，而有各色名目，如红玛瑙、白玛瑙、绿玛瑙、蓝玛瑙、巧色玛瑙、冰糖玛瑙、水草玛瑙、水胆玛瑙等。玛瑙以“同心”的环带花纹为特征，颜色以明快、鲜艳、纯正为好。红是一种主色，以红、缠丝红、大红、橘红为上色，暗红、紫红为下色。水胆玛瑙是指腔内有水者，以胆大多水为佳，有的“摇撼之，其中有声汩汩然”，是为上品。

## 6 松耳石

也称“土耳其玉”，矿物学上称“绿松石”。这是一种含铜、铝和水的磷酸盐矿物，质地细腻，半油脂状到蜡状光泽，颜色多呈天蓝、暗蓝、蓝绿和绿色。松耳石以呈现鲜明的、浓艳的天蓝色为最优，绿色其次。硬度为摩氏5.0~6.0度，密度2.75/cm$^3$。松耳石是我国古老的传统玉石。早在新石器时代，它就和青玉、玛瑙等玉石一起用作装饰品，如我国甘肃省永靖大何庄的齐家文化遗址中，就出土20件；甘肃武威皇娘娘台的齐家文化遗址中则出土32件，其中一件长2.5厘米；在商代中期、西周、春秋晚期、战国至汉、南北朝时期的墓葬中，也都有数量不等、形状不同的松耳石装饰品出现，可见其开采使用的历史相当悠久。松耳石一名始见于《清会典图考》，它的古名今尚难考。元代也称"甸子"，其产于波斯你舍卜(今伊朗尼沙普尔地区)的，称"回回甸子"；产于我国湖北襄阳地区的，称"襄阳甸子"，后者是我国松耳石的主要产地。除此之外，近年我国陕西、新疆、安徽、河南等地亦有发现。

青金玉作品《佛手》

## 7 青金石

一种由青金石矿物组成的玉材，常含方解石、黄铁矿、透辉石等，微透明至不透明，抛光面为玻璃至蜡状光泽。硬度为摩氏5.0～6.0度，密度2.75g/cm$^3$。玉质呈独特的蓝色，有深蓝、鲜蓝、天蓝、淡绿蓝、紫蓝等，因含黄铁矿，故而有金色的斑点，称"金星"。这些金星犹如天上的星星布满蓝天，或如金屑散乱，光辉灿烂。青金石以质纯色(靛蓝)浓、金星灿烂均匀者为上品。

青金石因蓝得非常深沉而纯正，古人以此为"升天之路"，故多用来制作皇帝的葬器。它在我国古代亦称"璆琳"，或"琉璃"。其产地主要在阿富汗和俄罗斯的贝加尔湖地区，前者是我国古代和现今进口青金石的主要来源。

青金玉仿古作品《彝器》

## 8 孔雀石

用孔雀石雕制的瑞兽——“龙龟”

由原生铜矿物氧化后所形成的表生矿物，产于铜矿上部的氧化带中，因呈孔雀绿色而得名。中国古代则称其为“绿青”、“空青”和“青琅玕”。多呈块状、钟乳状、皮壳状和同心条带状，硬度为摩氏3.5～4.0度，密度3.95g/cm$^3$。孔雀石的绿色非常丰富，从浅到深，从淡到浓，可谓绿色千种、色色俱全；除此以外，在它的色彩中还具有奇妙多变的花纹，其品质即以花纹美丽和色泽鲜艳为上品。我国很早就把孔雀石作为饰物，在青铜器全盛的时代，它常被用来镶嵌在各种青铜器具上。唐宋以后还把它研成粉末制成颜料。我国云南、西藏等铜矿产地均有丰富的出产。

## 9 水晶

玻璃光泽，密度2. 66g/cm$^3$，硬度为摩氏7.0度。其化学成分为二氧化硅，三方晶系，晶体是由六个柱面和六个锥面组成的棱柱体，柱面有横条的生长纹。自然产出的晶体，一头锥面发育良好，质纯、色浓，称“锥面”或“顶部”；另

天然水晶原料。细腻，性脆，硬度高，光泽强。

水晶《金蟾》

一头发育不好，常含杂质，色淡，透明度差，称“根部”；中间是六面锥体。整个晶体在围岩上呈蹶状竖立。杂质为棉絮状。性脆，容易打出断口，断口贝壳状，无方向性，无解理。硬度高、光泽强是水晶的另一大特点。

水晶多存在于石英脉晶洞中，完好晶体产出，也有在沙砾中滚圆的。最大单晶体有重几百、几千公斤的，小的很小，差别很大。产出的晶体有可能是发育完好的单晶，也有可能是几个单晶互相长到一起的多晶体，呈晶簇产出，造型美观，可作观赏石。石英是地球上存在最普遍的矿物，主要分布在岩石和土壤中。独立存在的石英可形成单晶体、多晶体或隐晶体，玉石业内统称为晶石。

水晶因颜色的不同或包裹体的形状而定名，无色的称水晶，紫色的称紫晶，黄色的称黄水晶，红色的称红水晶，烟黄褐色的称茶晶、烟晶，黑色的称墨晶；内含细如毛发之针状包裹体者称发晶，有粗如鬃毛之针状包裹体者称鬃晶，含水包裹体者称水胆水晶等等。色彩艳丽、包裹体造型明朗别致的，尤为人们所珍爱。

我国水晶使用的历史很悠久，早在新石器时代就开始使用，以后历代的墓葬和出土文物中都可见水晶制品。上海松江西林寺塔的出土文物中，除了大量的软玉饰品，就有水晶制品。

## 10 琥珀

古植物树脂的化石，由碳、氢、氧组成的有机物。硬度摩氏2.0～2.5度，密度约1.08g/cm$^3$。按其在土中或海底保存的深浅程度及其颜色特点的不同，可分为若干种类：第一层，松塔蜡，半透明体，色淡黄；第二层，蜜蜡，色橘黄或鸡油黄，不透明体，质比松塔蜡坚，色彩光润如油脂；第三层，金珀，色金黄或棕黄，透明体，以纯洁金黄者为上乘；第四层，琥珀，透明体，红色，以血红纯洁者为最佳，称为血珀；第五层，雀脑，不透明体，色如咖啡，带有规则的木条纹，或呈同心圆层纹，是最古老的一种。琥珀内常常包裹着完好的古代昆虫和植物（如草木的叶、茎、花瓣等），有古昆虫者为上品，被称为“蕴藏古史”之宝。我国古代关于琥珀有种种传说，李时珍《本草纲目》亦云：“虎死，精魄入地化为石。此物状似之，故名琥珀。”据说它有镇惊驱邪的作用。

## 11 珊瑚

海底动物珊瑚虫在不断繁衍和生长中所堆积的骨骼。其硬度为摩氏3.0~4.0度，质地比孔雀石紧密，性脆易断裂；有红、粉、白、黑等色，以艳红为上；因其颜色红艳如火，在我国古代有“火树”之称。珊瑚是我国清王朝标志官阶大小的冠饰材料之一，据《清会典》记载，清代一品官员的顶子用红宝石，二品用珊瑚，三品用蓝宝石，四品用青金石，五品用水晶，六品用车渠(一种海洋软体动物壳)，七品为素金顶，八品为阴文镂花金顶，九品为阳文镂花金顶。因红宝石和珊瑚都系红色，故“红顶子”便成了清代一二品大官的标志。同时珊瑚还被制成朝珠，供达官贵人佩戴。此外，珊瑚可制成各种盆景供石、首饰摆件。在慈禧太后墓中，就有珊瑚一枝，当时值银83万两，可见其珍贵的程度。

红珊瑚作品《公鸡》

# 二、中国白玉玉器

## （一）白玉品质类辨

在中国乃至全世界的软玉当中，白玉始终位居最高档次。中华民族自古以来，就始终以白玉为贵。这有两方面的因素，一是几千年赏玉、用玉，在不同的玉材对比和选择中，逐渐认识到白玉的质地最好，结构最细腻，外观最赏心悦目，同时也最能体现刚柔兼备的品质，因而才成为集审美与实用于一体的宝石级珍品。白玉与其他软玉比较，它主要有以下五个方面特点：

1、**脉理坚密**。从内部结构即白玉脉理的审美层次看，因为透闪石含量极高（一般在95%以上），杂质矿物极少（一般在1%左右），而微晶粒度又极细，显微晶质和隐晶质交织而成的脉理，文静、匀贴，能给人以清醇、坚实感，这是其他软玉难以企及的。

2、**细腻温润**。纯净、细腻的白玉造就了它温润而泽的外表，它那种光洁与柔和所体现的秀雅、端庄，与生俱来。用它来雕琢各种艺术形象和器皿，姿态纷呈，含蓄耐看，其他软玉很难表现这样的独特审美效果。

3、**适宜雕刻**。中国白玉的摩氏硬度为6.0～6.5度，以它为材料进行雕琢，精细入微，轮廓、线条可以达到坚挺、流畅的效果。使用、摆放也无须过多地担心它是否会蚀变或损坏。

4、**抗压度高**。黑金刚石摩氏硬度为10度，水晶摩氏硬度为7度，但是打击硬度即韧度低，一打即碎。白玉摩氏硬度虽不及金刚石和水晶高，但打击硬度很好。据测定，白玉的抗压强度高达6542kg/cm$^2$，要想压碎白玉，就必须在每平方厘米上施加约6.5吨压力；而压碎钢铁，只需施加4～5吨压力即可。因此，这是一种非常可贵的天然材料。历史上由于白玉玉器靓丽多姿，而且久放不变形，深受人们的青睐，所以被广泛用于艺术品雕琢，其实它还可以有更重要的用途。现在白玉原石经历几千年的开采，已日渐稀缺，它更可贵了。白玉的韧度同时也表现耐磨程度，白玉的韧度为1000，其他玉石如翡翠仅500，蛇纹石（如岫玉）250，石英岩10～20，石英5，刚玉2～3，云母2，这说明过去艺匠们的白玉雕琢，非常艰难，也非常费时，古代一件优秀的白玉艺术作品若能流传到今天，就决非等闲之辈。

5、**出声悦耳**。中国的白玉玉器不仅色相清纯高雅，而且轻轻敲击，能悠悠地发出很动听的声音。白玉的质地越上乘，发声也越悦耳。所以古人还常用它来制作一种被称为“磬”的打击乐器。

人们崇尚白玉，还有一个重要因素：中国自古以来，白色都作为纯洁的象征，汉书中就有“显洁白之士”的说法。白玉不仅白得漂亮，而且质也好，所以得到宠爱，被列为珍品。上好的白玉更名贵，以至于中国历代帝王的宫廷多用白玉，象征官爵的玉带也用白玉制作。

古今中外，制作玉器的总想找到比较理想的玉材。但是，(1) 任何一块玉料都是不同因素的组合，它不可能每个因素都非常优秀，它的总体性质始终是综合的；(2) 世界上有好几个国家或地区出产白玉原石，良莠参差不齐，而任何一个人或一个企业不可能为购置玉料，盲目跑遍全世界。这样，业内专家和研究人员根据长期实践的经验，以及相互交流，逐渐对一些比较理想的白玉原料形成共识，产生了约定俗成的“录用名单”。这个名单最初按原石产出地点排列，再进一步接触实物，则按天然产出的形态进行排列。这个举措，我们称之为“玉器品质类辨”。

## 1 著名产出地的白玉

20世纪70年代中国实行改革开放以来，我们的国际商贸交往开阔，白玉的选择面也随之增多，经过反复比较，目前选用比较集中的白玉，按产出地（业内沿袭传统用语，称此为“坑”或“坑口”）排列，分别是：

(1)中国新疆维吾尔自治区产出的白玉。具体的还可分新疆和田地区白玉、且末地区白玉和于田地区白玉等。新疆白玉是中国玉器的传统用料，品质上乘，然而产量逐减。

(2) 俄罗斯产出的白玉。最近十年来进口较多。

(3) 中国青海省产出的白玉。

(4) 韩国、朝鲜等地产出的白玉。

上述著名产地的白玉，除韩玉之外，后面还会做专题介绍。

## 2 天然形态不同的白玉

白玉原料所处的地质环境（地质学上称之为“产状”）不同，质地也不相同，而不同的质地又天然地表现为不同的形状；这个特点（业内称此为“形”）是我们选择玉料时必须掌握的。白玉原料的天然形状一般可分为籽玉、山料玉、戈壁滩玉和山流水玉。

※ 籽玉

——它是软玉原生矿经自然风化、冰川、泥石流、河水不断冲刷、搬运而形成的光滑的鹅卵石形态，并由河水（洪水）带到山下的现代和古河床中。形状各异，大小兼备。内部结构非常紧密、细腻。采集方法有“捞玉”和“取玉”之分。

※ 山料玉

——山料玉又叫“碴子玉”，是从山上开采的玉石原生矿，外形呈不规则棱角块状。开采一般用火药爆炸方法，因此浪费很大，破坏性较强。山料玉一般块度较大。

新疆和田籽玉的天然形态往往带有皮色

青海白玉山料的外皮呈参差不齐的毛口状，透白、透青和黄灰色。

戈壁滩玉的原石细腻、紧密、油性好，有一定的白度。

※ 戈壁滩玉

——它是经大自然的地壳变动被搬运至戈壁滩中，并受大风暴等砂石冲击而形成的以片状为主的玉材。这类玉材的来源有些是原生矿石，也有已经形成籽玉后再被搬运到戈壁滩后再次受风尘、砂石冲击而形成的“籽玉——戈壁滩玉”。

※ 山流水玉

——它是经自然风化、泥石流或雨水冲刷后所形成的次原生矿玉料，表面呈较为光滑的次棱角状，但尚未形成鹅卵状，质地介于籽玉与山料玉之间，也可以说是尚未完全成为籽料的一种玉料，其内外质色一致，是一种质地细腻较为紧密的优良料种。山流水玉又称“新矿玉”，主要特征是表面较为平整，呈现出被河水千万年长期冲刷而形成的像沙滩般的层层波纹。

新疆山流水料原石的外皮表现为山料至籽料的过渡状态

## (二) 中国历代所产所用白玉

中国白玉的开发利用，源远流长。从新石器时代到现代，先后经历了7个时期：

## 1 新石器时代（公元前7000年—公元前2100年）

这是中国玉器的初始阶段。人类认识了比石材更美丽的玉石，并用以制成生产工具、武器、祭祀器具和简易的装饰品。中国的白玉主要出自新疆。新疆地区考古专家发现，和田白玉在新石器时代已得到开发。古籍、史料（如《瑞应图》、《尚书》等）中也有“黄帝时，西王母乘白鹿献白环之休符。舜时，复来献。”和“舜时，西王母来献白玉管”的记载。在新疆楼兰遗址还找到了新石器时代用和田白玉制成的玉斧，质地细润光滑，刀刃锋利，应该是一件实用玉器。在中原和南方地区，考古工作者于仰韶文化、良渚文化遗址，也发现用白玉琢制的祭祀器。

代表作品有：青白玉璧、青白玉琮等。

玉琮（良渚文化）

玉璧（江淮地区原始文化）

## 2 夏、商、西周（公元前2100年—公元前770年）

这是以礼器为代表的格调统一的玉器发展阶段。中国青铜器的发明提高了生产力，同时也逐渐改变了社会的性质。中国的玉器由实用为主转为以礼仪、装饰为主，成为统治阶级权威的象征；并由原始社会的彩石玉器时代进入了以和田玉为主体的玉器制作时期。

玉龙（商代晚期）

河南偃师二里头早期文化遗址曾经出土夏代的白玉铲。

商代玉雕成就很高，和田玉成为奴隶主垄断的精美用玉，作品也多。安阳殷墟妇好墓出土的755件玉雕是最典型的。其中，白玉作品的数量仅次于青玉。青玉在和田玉中始终是大宗产品，由此也可见白玉的来之不易。“玉凤”、“玉鹦鹉”、“玉人”、“玉象”更显示出商代文化的灿烂风格。妇好墓出土的“玉兔”是中国最早的“俏色巧雕”的代表作。

西周，玉被列为“八材”之一，玉器在贵族阶层普遍流行。玉雕已成为一门独立的行业。西周玉器以片状及动物纹饰的佩饰居多，其中，白玉作品占了一定比例。这时玉器开始更多地在政治、道德、宗教、伦理等方面发挥作用。所谓“以玉作六器，以礼天地四方”，“以玉作六瑞以正国事”、“君王以玉召见公侯大臣，公侯大臣以玉事君王”等等，在中国其后的几千年封建社会中都产生重大影响。以白玉制成的白琥、镇圭，则分别是“六器”、“六瑞”中的重要内容。进而，佩白玉便成为周天子的专权，这在周礼中规定得明明白白的。

代表作品有：商代青白玉鹰攫人首佩，现藏于故宫。

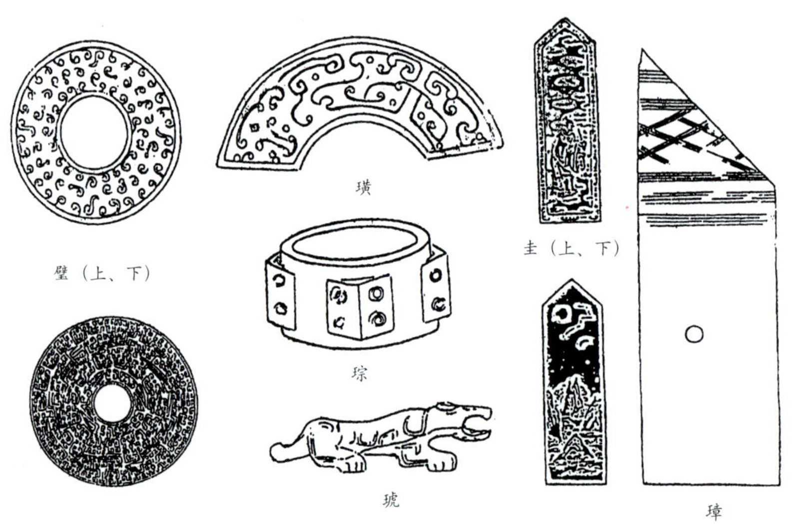


“六瑞”“六器”摹本图

**“六器”、“六瑞”**

古人在朝会、交聘、祭祀等重要礼仪场合使用的玉器，统称为“礼玉”或“礼器”。这些礼玉，主要指璧、琮、圭、璋、琥、璜。

《周礼·春官·大宗伯》载：“以玉作六器，以礼天、地、四方：以苍璧礼天，以黄琮礼地，以青圭礼东方，以赤璋礼南方，以白琥礼西方，以玄璜礼北方。”便有“六器”之说。“六瑞”则指有规定形状的璧、圭。《周礼》中记载：“以玉作六瑞，以等邦国：王执镇圭，公执恒圭，侯执信圭，伯执躬圭，子执谷璧，男执蒲璧。”

作为礼玉的璧、琮、圭、璋、琥、璜，据《周礼》记载，都有各自的颜色和形制，与汉代以后流行的璧、璜等玉器不尽相同。

## 3 春秋战国时期（公元前770年—公元前221年）

这是玉器嬗变、发展以及玉文化和文理的升华阶段。铁器的广泛使用，加速了奴隶制的崩溃，同时生产力的大发展，也带动了玉材，尤其是和田玉的大量开发。这一时期，诸侯国之间的几乎所有政治、经济、军事来往，都离不开精美的玉器，争玉夺宝，演绎出许多惊天动地的事迹。业内人士推算，仅新疆的玉材就用去1100吨左右。

春秋战国时期，各诸侯国的都邑都有玉雕生产。随着新兴地主阶级走上政治舞台，一种新的美学思潮开始强力冲击商周以来带有浓厚奴隶主君权思想和巫术宗教色彩的陈旧艺术观念。玉器流向一般文人士大夫。诸子百家从和田玉的特征，结合他们的理想与道德观，赋予玉以德的涵义，提出“九德”、“十一德”，更对玉制佩挂饰品的流行，起了推波助澜作用，引起民众对白玉的极大兴趣与重视。江苏吴县出土的这一时期的“鹦鹉首拱形玉饰”，器表有四组繁密的蟠虺纹，这种瑞鸟相鸣、蟠虺缭绕的装饰风格，显示的就是“诸子蓬起，百家争鸣”的时代特征。收藏在北京故宫的这一时期的青白玉“勾连云纹玉灯”，复叶状的灯座刻有立体感很强的柿蒂纹；灯盘外侧的勾连云纹采用先刻阳线，再将其外侧减地处理，使阴线的外侧边沿形成阳刻的工艺效果。柿蒂纹产生于商周之后，反映了春秋战国时期人们崇尚自然之美的审美趋向。显然，装饰风格

白玉云纹龙形璜（春秋）

白玉四节佩

白玉谷纹系璧（战国）

上的突破，带动了制作技艺上的创新，像湖北随县曾侯墓已出土的玉佩，它分别用三个活环连接四块白玉雕成的23节龙和其他形象的玉佩，全长达48厘米，可以活动折曲，可以看做是古代玉器活环工艺的代表。这种活环技术突破了玉石材料局限性，充分显示了当时玉雕艺人的聪明才智。活环技术因为能改变玉石材料固有的位置，不仅有利于玉料的充分利用，而且有力地促使玉雕工艺品的造型朝丰富多彩的方向蓬勃发展。

这一时期的代表作品有：白玉蟠夔佩、白玉多节佩、青玉镂雕蟠龙涡纹合璧（三件玉宝均藏于北京故宫）。

## 4 秦、汉、魏、晋、南北朝（公元前221年—公元589年）

这是中国白玉玉器的发展时期。秦始皇“穷四方之珍材，搜天下之巧工”，雕刻工艺得以大发展。古籍《拾遗记》介绍秦代一位名叫列裔的玉匠，说他雕琢的白玉虎栩栩如生，但生怕玉虎跑掉，从不琢眼睛。秦始皇知道后不信，命人用淳漆给玉虎添上眼睛，玉虎长了眼睛果然忽地跑得无影无踪。秦始皇的白玉“传国玺”则开创了中国历代封建帝王以上等白玉治印和以精密的白玉器皿显示皇家气派的千年风尚。据《西京杂记》记载，汉高祖刘邦攻入咸阳后，发现秦朝国库中有许多玉器是稀世之宝。其中有盏青玉五枝灯“高达七尺五寸，作蟠螭，以口衔灯。灯燃，鳞甲皆动，焕炳若列星而盈室焉”。若记叙属实，那真令人惊叹不已了。

汉代是中国玉雕工艺蓬勃发展的黄金时代，在继承春秋战国玉雕技艺的基础上，积极开拓品种，出现了礼玉、葬玉、佩玉、玉摆件四大类产品齐趋并驾的局面。汉代的工艺水平最高、成就最大的当属佩玉和玉摆件，这些玉器中，精美绝伦的也多为白玉作品，现在还能看到的，如西汉中山靖王刘胜墓出土的用

玉辟邪（东汉）

玉含蝉（西汉）

玉杯（三国、魏）

白玉雕琢的玉人，以及咸阳出土的用白玉雕琢的玉熊、玉辟邪，都是曲线构图，丰满圆润，神态逼真，显示了汉代玉雕的高超水平，件件堪称稀世珍宝。

魏、晋、南北朝时期的玉雕应该是汉玉的继承与发展，但是从史料和遗存的古物中，看不出明显的迹象。

这个时期白玉玉器的代表作品有：白玉仙人奔马、白玉辟邪等。

## 5 隋、唐、五代、两宋（公元589年—公元1279年）

这是中国玉器发展和白玉开发的繁荣期。当时，频繁的中外经济、文化交

《飞天》白玉玉佩

白玉龙纹带饰（唐代）

流，给人们的饮食穿着以及文化艺术创作，带来很大的影响。传统工雕艺术也因此增添了一点域外风采，尤其是结合金银装饰的新型玉器，往往让人有耳目一新的感觉。这些作品一般都选用白玉，如隋代的金扣白玉盏、镶金白玉镯，金玉互衬，琢工精致，都富有新的魅力。到了唐代，国强民富，新疆昆仑山下的白玉籽玉大量运往中原，玉雕工艺品出现了珍玩为主、礼仪为辅的新格局。白玉佩饰与圆雕摆件广为流行。杜牧吟颂“纤腰长袖间，玉佩杂繁缨”，当是唐代社会用玉之风日盛的一个侧面的真实写照。

宋代用玉更盛。这时由于拥有一支比唐代更为庞大、更有文化修养的地主统治阶级，又有书画俱佳的宋徽宗赵佶的大力提倡，不仅宫廷设有玉院，宫廷玉器得到全面发展，而且新的更高的审美要求和理念，促使琢玉技艺与现实主义方法相适应，镂雕工艺显示新的生命力，白玉雕刻也臻于发达。白玉走进文人、士大夫的书房，文房用具、仿古器皿等玩赏、把玩类的小玩艺和小摆设，于是层出不穷，像宋代“青玉牧马镇纸”、“白玉荷叶洗”、“青玉镂雕松竹梅花插”等，不仅具有实用功能，而且以童孩、禽鸟走兽、瓜果等作为装饰题材，造型活泼自由，富有文化气质，便于陈设把玩。北京房山出土的宋代“白玉双鹤衔草”、“白玉镂竹节饰件”也做工精巧，它们摆脱了三代古玉的规矩方圆，也没有战国玉雕品种的神秘莫测和万变不离其宗的“S”型构图形式，倒成为中国古代现实主义的经典之作。

代表作品有：隋代白玉兔、白玉镂雕双凤佩，唐代玉佩、玉步摇、玉飞天等，宋代白玉荷叶洗、白玉双鹤衔草、白玉镂竹节饰件等。

## 6 元、明、清（公元1279年—公元1911年）

中国白玉玉器的制作步入了鼎盛时期。当时已经具备两个重要条件：一、以白色为基调的新疆软玉源源不断地运往中原，据估计，仅元、明两代四百年间就高达1500吨；二、玉雕技艺突飞猛进。在元代，因为最高统治阶层非常喜欢新疆玉，曾多次遣吏去产地收纳。玉材丰富了，便四处召集艺匠，在各地设立治玉的管理衙门，由此取得很高的成就。现存北京市北海公园，重达3000千克的著名"渎山大玉海"，就是元代玉雕创作写实与浪漫色彩相结合的集中体现。元代白玉作品的写实意义更突出，这一时期流行的"春水玉"、"秋山玉"佩牌多系白玉创作作品，艺匠们大胆创新，以"花下压花"（即分上下两层进行雕琢，表现两幅不同的景致）和"管钻镂空，多向打孔"的方法，立体地表现北方游牧民族的生活风采，形象而独特，直至今日，仍是藏家们竞相寻

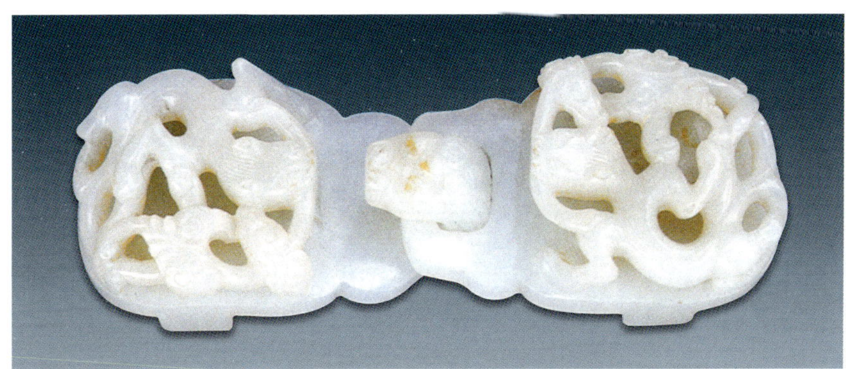
白玉螭龙带扣（明代）

羊脂白玉海东青击鹄图饰件（元代）

渎山大玉海（元代）

白玉《辟邪》（清代）

觅的艺术珍宝。

明代，玉匠云集北京、扬州等城市，出现了许多令人称绝的白玉艺术作品。镂雕技艺的进一步创新，促使玉雕以炉、瓶、罐为基本形体的各种艺术器皿应运而生。这一时期，著名民间玉雕艺术家陆子冈借鉴元代“春水玉”、“秋山玉”的形式，以精湛的浮雕技艺创立“两面雕”白玉佩，楷称“玉雕一绝”，这就是今天仍然抢手的明代“子冈佩”。北京故宫珍藏的俏色作品“梅花花插”，则显示明代俏色巧作工艺的高超水平。

清代由于平定了新疆少数贵族发动的叛乱，新疆地区社会安定，经济发展，玉材的开发规模空前，从乾隆二十五年到嘉庆十七年，42 年时间就用了 200 多吨玉材。康、雍、乾三代皇帝都酷爱玉器，宫廷养心殿造办处下专设玉作（玉

白玉五连环圆佩（明代）

白玉双凤转心佩（清代）

石加工厂）。乾隆皇帝弘历尤其关心古玉鉴定考证，还亲自指导玉作生产。清代的玉雕业于是高度发达，用玉广泛，做工精巧，表现形式也丰富多彩，形成了仿古器皿、人物摆件、走兽花鸟、山子雕，玉石盆景、首饰镶嵌等玉雕大类。这几个大类中，白玉作品可与翡翠雕镂精品媲美。清代的薄胎、压金银丝嵌宝石工艺也非常高超，使玉雕仿古器皿的做工达到尽善尽美的程度。

白玉代表作品有："春水玉"、"秋山玉"佩牌，"两面雕"白玉佩，明代白玉瓶、罐，清代白玉仿古器皿。

## 7 近代、现代、当代（1911年以来）

清王朝的崩溃，帝国主义列强的侵占，近代中国沦为半封建半殖民地社会，中华民族生活在水深火热的灾难中。这时的中国玉雕由于失去广大受众，惨淡经营，作品题材改以人物、花鸟、走兽为主，以适应出口的需要，产品结构发生重大变化，中国玉雕工艺品带着艺术性和商品性的双重特性，走进了国际商品市场。

新疆玛纳斯碧玉《大花薰》玉质细腻、油性好，密度紧。作品为北派的代表，同时继承了宫廷的雕刻韵味，具有"粗犷"、厚重沉稳的特点。

20世纪40年代末，新中国的诞生，标志着一个新社会的到来。中国玉雕业也由此开始展现光明的前程。北京、扬州、上海、天津、广州、南京、甘肃、河南、辽宁、新疆等地，相继成立玉雕工场、工厂，数百名玉雕艺匠受到国家、社会的重视与关心，中国几千年的玉雕技艺在继承中得到了发扬。20世纪60年代以来，玉雕造型千姿百态，玉雕技艺流派纷呈，几千年的不断探索与积累，终于形成"北派"、"扬派"、"海派"、"南派"等四大流派。

"北派"——京、津、辽宁一带玉雕工艺大师以雕琢人物群像、花卉和薄胎工艺著称，形成庄重、典雅的艺术风格；

这是新疆和田白玉籽料的大型作品《霄汉回翔》，荣获国家玉雕艺术创作金质奖，汪德海大师创作。

“扬派”——扬州地区玉雕工艺大师以巨雕、山子雕最具特色，玉雕讲究章法，表现出精致、大气的独特工艺；

“海派”——以上海为中心地区的玉雕工艺大师“海纳百川”，以创作情节性的故事人物、动物群雕和仿青铜器为主的器皿著称，形成生动传神与庄重严谨并重的艺术个性；

广东一带的玉雕由于长期受竹木牙雕工艺和东南亚文化影响，在镂空雕、龙船、多层玉球和高档翡翠首饰的雕琢上，造型丰满，呼应传神，工艺玲珑，则以“南派”艺术风格独树一帜。

到目前为止，各个流派的许多精品之作，被国家作为珍品收藏保存起来。

中国7000年玉文化，发展到今天已经遍地开花。过去的岁月，中国精美古玉器受封建统治阶级青睐，以封建帝王为中心而被汇集、欣赏、珍藏。随着封

和田籽玉《拜月图》的玉质润白、细腻，油脂感强，皮色也漂亮。雕刻极其精细，人物刻画生动，花草、亭台层次清晰，为扬派山子雕的精品。汪德海大师设计创作。

建社会的解体，代之而起的是玉雕的国家与社会收藏。古玉器以及大型玉器多为博物馆珍藏、陈列，小型的如挂件、小摆设、配饰，民间广泛流传。现在，随着人民的经济生活水平不断提高，富裕起来的人们开始购置精美高档的白玉佩件，选用具有收藏保存价值的白玉摆件和富有艺术趣味的小巧把玩玉件，这是一个潮流，势不可挡。

翡翠俏色雕《鱼篓与鸬》

白玉《十八罗汉》群雕，人物形象个个生动，各种神态的刻画惟妙惟肖，表现出典型的海派艺术风格。吴德昇大师创作

## （三）中国白玉玉器的传统文化内涵

中国玉文化的起源之早、延续时间之长、影响之深，是世界上其他任何国家都不能企及的。

今天，中国的白玉玉器之所以广受青睐，从而在民间掀起了空前的收藏热，这当然在于白玉内在的质地有着诱人的巨大魅力，但是更重要的是玉器纹饰与造型所承载的极其丰富的文化内涵和表现的独特的艺术美，它反映和记载着中国历史上许多重要的人物事件和风土人情，具有珍贵的文物价值。虽然从今天的眼光来看，这些内涵未必都有科学的依据，但它们是一种历史和文化的积淀，是人类理想和想象的产物。

中国白玉玉器的传统文化内涵，可以概括为以下六个方面。

### 1 道德修养的象征

我国自古就有“君子比德于玉”的传统，所以“古之君子必佩玉”，“君子无故，玉不去身”（《礼记 · 玉藻》）。

白玉词画子冈牌

君子又如何“比德于玉”呢？《礼记·聘义》中记载了孔子的一段话，大概是有关这个问题最全面的回答：

“昔者君子比德于玉焉。温润而泽，仁也。缜密以栗，知也。廉而不刿，义也。垂之如坠，礼也。叩之其声清越以长，其终诎然，乐也。瑕不掩瑜，瑜不掩瑕，忠也。孚尹旁达，信也。气如白虹，天也。精神见于山川，地也。圭璋特达，德也。天下莫不贵者，道也。”

这段话从“仁、知、义、礼、乐、忠、信、天、地、德、道”共11个方面，对玉的道德内涵作了分析，虽未免玄了一些，但它代表了古人对于玉的认识和看法，强调了玉的可贵不在外在的美，而在其内涵与人的精神世界彼此相通并息息相关。

此外又有“五德”之说，即许慎《说文解字》中的论说，本书前文已述及。

玉不仅被赋予如此丰富的道德内涵，因而君子必须佩戴它，而且佩戴以后，走路时温文尔雅，没有邪念。所谓“古人君子必佩玉，右徵角，左宫羽，趋以采齐，行以肆夏，周还中规，折还中矩，进则揖之，退则扬之，然后玉锵鸣也。故君子在车则闻鸾和之声，行则鸣佩玉，是以非辟之心，无自入也。”（《礼记·玉藻》）意思就是君子出入进退俯仰之间，身上的玉佩只有在不快不慢、富有节奏的步伐下，才会发出富有韵律、悦耳动听的声音，这声音不仅集中君子的注意力，同时也告诉周围的人们：君子来去光明正大，从不偷听偷看别人的言谈举动。于是佩玉便成了君子有道德修养、行为光明磊落的标志。

今天，虽然德操以玉的风气大大淡化，佩玉者多数已说不出玉有那么多的道德内涵，但佩玉作为一种有道德修养和文化品位的象征，依然为一部分人所认同。特别是“君子比德于玉”的传统，在我们今天的日常生活中依然随处可见。

## 2 吉祥伴随的象征

玉器在古代作为一种礼器，就有祈求吉祥的寓意。古人对自然界的不测风云、人世间的旦夕祸福无法理解和抵御，便只能求助于神灵的保佑，而玉则被认为是沟通人与神灵的联系、祈求吉祥如意的一种瑞物。

我国古代很早就视玉为祥瑞之物，《周礼》中所谓“以玉作六瑞”，便是指六种礼玉。后世几乎每个朝代都把玉的出现和贡献看做是一种祥瑞的征兆，史书上有大量这方面的记载，如《汉书·文帝本纪》载：“十六年秋九月，得玉杯，刻曰：‘人主延寿’。令天下大酺，明年改元。”《魏书·灵徵志》载：北魏“高宗和平三年四月，河内人张超于坏楼所城北故佛图处获玉印以献。印方二寸，其文曰：‘富乐日昌，永保无疆；福禄日臻，长享万年。’玉色光润，模制精巧，百僚咸曰：‘神明所授，非人为也’。诏天下大酺三日。”《开元天宝遗事》也有这方面的介绍：“开元元年，内中因雨过，地

墨玉籽料作品《辟邪》

润微裂，至夜有光。宿卫者记其处所，晓乃奏之。上令凿其地，得宝玉一片，如拍板样，上有古篆‘天下太平’字。百僚称贺，收之内库。”诸如此类的记载，虽其事实未必可信，但它反映了古人对于玉作为一种吉祥之物的迷信。

后世以玉祈求吉祥，往往通过刻于玉上的吉祥语或吉祥图案体现出来。如著名的汉双龙“长乐”谷纹璧，就是以吉祥语“长乐”和吉祥图案双龙一起加以表现。明代以后，各种吉祥图案的玉佩、玉饰尤其普遍，诸如“龙凤呈祥”、“吉祥如意”、“喜报三元”、“三羊开泰”、“喜上眉梢”、“马上封侯”、“冠上加官”、“长命百岁”、“松鹤延年”、“玉堂富贵”、“鱼跃龙门”、“福寿双全”等等，或形象，或抽象，或直接表现，或象征暗喻，都反映了人们祈求吉祥的共同愿望。

与人类祈吉愿望联系在一起的，是驱邪避凶。吉凶祸福都是相对立的，能避免凶险灾祸，其本身就是吉祥善福。因此，古代的所谓“压胜佩”（亦作“厌胜佩”），主要也是为了趋吉避凶。近人陈大年曾收藏一枚“衣形压胜玉”，据他的《古玉石器琉璃器出品说明书》记载：“此衣形压胜玉，一边刻一神像，书‘斩乾杀坤’四字；一边刻谶文四句，曰：‘随地孕不迎，幼童不受惊，疾厄俱僻去，心远寿享宁。’疑系魏晋六朝间压胜之器。”

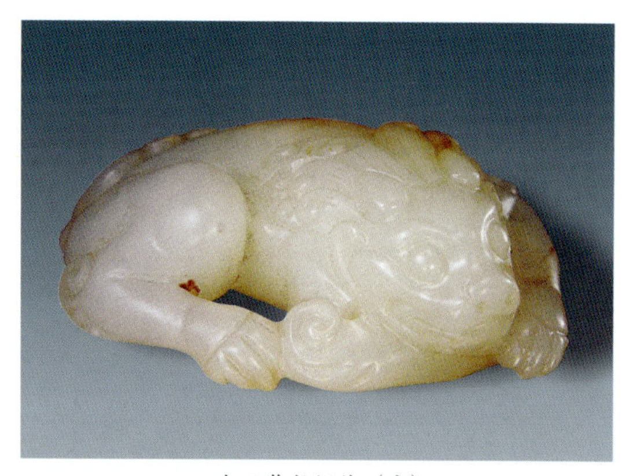

白玉狻猊摆件（唐）

其实，《红楼梦》里贾宝玉所佩的那块通灵宝玉，也是吉语佩加上压胜佩一类。这块玉正面刻了两行字，曰：“莫失莫忘，仙寿恒昌”，此为吉语。另一面刻了三行字，曰：“一除邪祟，二疗冤疾，三知祸福。”此似压胜器之语。从小说中所写这块玉的作用来看，更接近压胜器。

祈求吉祥是古今人类的共同愿望。今天，佩玉以求吉祥，是多数人的心理想法，就像俗话所讲：“图个吉利”，这并不完全是相信玉真能带来什么好运，而是反映了人类对于美好生活的向往。它与其说是一种迷信，不如说是一种风俗，一种由历史和文化积淀而成的风俗。

## 3 平安免祸的象征

白玉刚卯挂件（东汉）

玉可免祸保平安，这也是由来已久，至今仍有许多人笃信的一种观念。《玉纪》作者陈原心讲：某年游晴川阁，从三层楼掉下来，幸亏因佩戴了太公璜，得以不死。刘大同在《古玉辨》中有专门一小节讲“古玉防险之见闻”，记述了他的好几则见闻：一是有位姓胡的瓦匠，在河中淘到了一只玉铲，即用作烟荷包坠石。后来他为姓赵的人家盖房，正上梁时，忽然失足落地，但人毫无损伤，而腰中玉坠崩裂了好几处。这是他亲眼所见者。再一是他在上海澡堂洗澡，役工见他左臂佩玉，就告诉他日前有位八十老翁在此洗澡，出浴时晕倒在地，在场的人大惊，急忙扶起老人，但老人却安然无恙，只是左臂上的玉镯跌得粉碎。这是他亲耳听到的。其他还有他年轻时听说的族兄鹤峰坠马于石崖、老仆杨桂醉落于桥下，身上佩有古玉，未受危险云云。

诸如此类的故事，我们可以听到或讲出很多，因而“玉保平安”得到了相当一部分人的认同。

也许，今天的研究者都会认为这是迷信，不可相信。其实，剔除掉其中的迷信成分，也还是有一定的道理，这就是赵汝珍在《古玉辨》里所分析的：“岂知此乃精神贯注之结果，并非无理性之言也。盖古人视玉极重，佩之宛同载祖播迁。其一举一动，必特别小心。必视而后动，虑而后行。若是，则必少生是非，少遭意外。即偶遭意外，因心志有可靠之保护，必有意外之幸运。因之遂造谣生非，谓旧玉可以护身。是在古时确然，而在今日则不可能矣。”这就是说，因为视玉极重，所以精神极其贯注，即使偶遭意外，可能会因为心志集中，而有意外之幸运。

总之，因佩玉而免遭意外之祸，这可能纯粹出于偶然，也可能确有心理因素在起作用；不管怎么样，玉保平安作为一种信念，起码反映了人类共同的愿望。人们向往平安，祈求和谐、太平的氛围和环境。

## 4 富贵荣华的象征

玉器在古代就作为贵族身份、等级和财富的标志，不同的等级，佩戴不同色质和形制的玉佩。

据《礼记·玉藻》记载：“天子佩白玉而玄组绶，公侯佩山玄玉而朱组绶，大夫佩水苍玉而纯组绶，世子佩瑜玉而綦组绶，士佩瓀玟而缊组绶。”这里，什么样的身份等级佩什么样色质的玉，以及配什么颜色的绶带，都有明确的规定。天子佩戴白玉而用赤黑色的丝绶带，公侯佩戴有山玄纹的玉而用红色丝绶带，大夫佩戴有水苍纹的玉而用黑色丝绶带（纯为缁，黑色），世子佩戴美玉而用杂色丝绶带，士则佩戴一种叫瓀玟的次等玉石而用赤黄色丝绶带，其等级标志不可谓不森严。这种等级制度延续下来，对后世影响很大。《晋书·舆服志》亦记载：“皇太子金玺龟纽……佩瑜玉”、“贵人、夫人、贵嫔是为三夫人……佩于寘玉（即于阗玉）”、“皇太子妃……佩山玄玉”，诸如此类，不一而足。玉佩成了人们等级身份的一种标志，这种标志虽然随时代而异，但每个时代都有明确严格的规定，以避免等级的混乱与僭越。

此外，不同形制和大小的玉也是一种身份和等级的标志。《周礼·冬官考工记·玉人》和《续文献通考》中就有古代天子至伯爵，皇帝至郡王以上所用玉圭的不同尺寸的严格规定。从一定意义上说，用料的大小比色质更容易区分等级的高低，因而当我们今天收藏到一块大尺寸的玉佩时，就须格外注意，因为尺寸越大，就越可能出自当年的达官贵人之手。

紫翡翠巧雕大白菜扁豆，寓意发财和多子多福。

玉不仅是身份高贵的

白玉《马上封侯》

标志，而且还是财富的一种炫示。通常我们用“金玉满堂”来形容一个富贵家庭，像《红楼梦》里写到的贾家，第四回“护官符”上对它的形容就是：“贾不假，白玉为堂金作马。”以白玉为堂，黄金作马，其富有可以想见。

今天，起码在一部分佩玉者眼里，玉也是一种富贵的标志，它表明佩戴者的身份和富有。虽然今天已完全取消了以佩玉区别官位大小的制度，但佩玉作为一种大户人家出身的标志，作为一个“大款”的气派，仍具有相当的魅力。

## 5 延年增寿的象征

食玉可以健康长寿，长生不老，这是我国古代非常流行的一种看法。古代所谓“琼浆玉液”、“神仙玉浆”、“玉膏”、“玉脂”等等，都是指可食用的玉制品，而且其功效都是“服之长年不老”。

玉屑是“以玉为屑”，“捣如米粒，乃以苦酒焙消，令如泥，亦有合为浆者”（李时珍《本草纲目 · 玉屑》，转引陶弘景语）；

玉浆是“玉屑一升，地榆草一升，稻米一升，取白露二升，铜器中煮米熟，绞汁，玉屑化为水，以药纳入，所谓神仙玉浆也”（李时珍《本草纲目 · 玉泉》转引青霞子语）；

“玉膏即玉髓也”，《河图玉版》云：“少室之山有白玉膏，服之成仙”；《十洲记》云：“瀛洲有玉膏如酒，名曰玉醴，饮数升辄醉，令人长生”；《抱朴子》云：“生玉之山，有玉膏流出，鲜明如水精，以无心草和之，须臾成水，服之一升，长生”。

以上各种可食用的玉制品，有的是以玉制之，有的可能即指玉石间流出的泉水。泉水有益于健康是无疑的，但能使人长生不老则是靠不住的。

从科学的眼光看，以上记载当然是神仙家的荒诞之语，诚如李时珍所指出：“汉武帝取金茎露和玉屑服，云可长生，即此物也。但玉亦未必能使生者不死，惟使死者不朽尔，养尸招盗，反成暴弃，曷若速朽归虚之，为见理哉。”（《本草纲目 · 玉泉》）

服玉可长生不老是虚妄的，但玉有某种药用功效，有益于人体健康则是真实的。一般认为玉性“甘平无毒”，可“润心肺”、“除胃中热”，对“止烦躁”、“止喘息”、“止渴”有一定作用（以上均参见李时珍《本草纲目》）。《开元天宝遗事》记载：“贵妃素有肉体苦热，肺渴，每日含一玉鱼，籍其凉津沃肺。”《圣惠方》中有玉能治“小儿惊啼”的方子：“白玉二钱半，寒水石两半，为末，水调涂心下。”从这些记载看都为外用，这可能更符合事实。

这方面经验，前人也谈及过。清末刘大同在《古玉辨》一书中曾写及他佩玉活经络的经历：他因戒鸦片，左臂麻木，经医治，年余不愈。后将碧玉环佩在左腕，昼夜不去，几十年来左臂从未再发麻过。

和田籽玉《三羊开泰》

金发晶《寿桃》

像以上这样一些记载，不似服玉可长生不老之类无稽之谈，而是有一定的科学性和真实性。相信随着现代医疗保健事业的发展和人类对玉的认识的深化，还会有更多的方法，使玉更好地为人类的健康服务。

## 6 青春美容的象征

玉能美容，这听来也许有点新鲜。特别是在时兴美容的今天，玉的这一功效尤其具有开发的价值。

从医学文献记载看，宋代医学名著《圣济录》中就有这样的处方："面身瘢痕，真玉日日磨之，久则自灭。"从历史文献看，《汉书·王莽传》记载：王莽时有一大臣名叫孔休，王莽想结好他，欲送他一玉瑑，并对他说："诚见君面有瘢，美玉可以灭瘢。"

由此看来，以玉磨面，确可除掉脸上瘢黑。在这方面，更有一个实践者慈禧太后，她就是每天这样进行美容的。德龄著《御香缥缈录》"三十二、太后的梳妆台"一节写到：为阻止脸上的皱纹继续展长或扩大，太后还有许多的方法，

“有一种是非常别致的，原来伊的梳妆台上还安着两根约莫二三寸长的玉棍，两头有金子镶的柄。每天早上，伊必须用它们来在伊自己的脸上或上或下地滚着。这个东西是很滑而很冷的，上面也并不涂着什么药粉，真不知有何作用。太后却总是很有耐性地坐在那梳妆台前，一面不住地把它在脸上滚个不休，一面定神朝镜子内望着，仿佛滚几滚马上就有功效的样子。”慈禧太后驻颜有术，她有许多与众不同的美容方法，其中以玉磨面也是有效的方法之一，这种方法和古代医书与史书上所载不谋而合。

白玉俏雕作品《仕女》

玉除了磨面可去瘢痕皱纹，似还可滋养毛发。李时珍《本草纲目·玉屑》中云，玉可“润心肺，助声喉，滋毛发。”他没有讲明是内服还是外用。但据《烟花记》记载：“隋炀帝朱贵儿插昆山润毛之玉拨，不用兰膏，而鬒鬓鲜润。”这也是指用玉擦磨头发，它比用“兰膏”之类的化妆品更能使发质光润。

以上我们从六个方面探讨白玉的文化内涵，介绍它在古人心目中的象征意义及其实用功效，这些内容也是我国悠久玉文化的重要组成部分。在这种文化背景和氛围中，玉不只是一种“石之美者”，而且被看作是儒家道德的化身和象征，同时还被看作是“知祸福、兆兴亡”的通灵神物。

白玉佩件

# 中编

# 鉴定

# ·材质篇·

# 一、白玉的优劣

## (一)、新疆白玉鉴析

### 1 新疆白玉的产地及天然形态

新疆白玉原生矿产地，目前已探查到20余处，多集中在新疆昆仑山西，自塔什库尔干县城以东的安大力塔格及阿拉孜山，经和田地区的桑珠塔格、铁克里克塔格、柳什塔格，东到且末县南阿尔金山北麓的肃拉穆宁塔格一带，长1100多公里的范围内，4000—5000米高的雪线附近；这个地区的众多河流中还有籽玉。

目前，新疆白玉主要产地为：

※ 和田、于田一带：主矿点有5处

①皮山县喀拉喀什河上游，海拔3950米左右；

②皮山县卡拉大坡西矿点，海拔4000米处；

③皮山县铁白觅矿点，海拔约3350米处；

④和田县黑山矿点，古代白玉重要产地。文献中提及的白玉河、墨玉河都在这里。白玉河即玉龙喀什河，墨玉河即喀拉喀什河，流经和田县。维语“喀什”是玉石的意思，喀什河即“玉河”；维语“喀拉”是黑色的意思，因为产墨

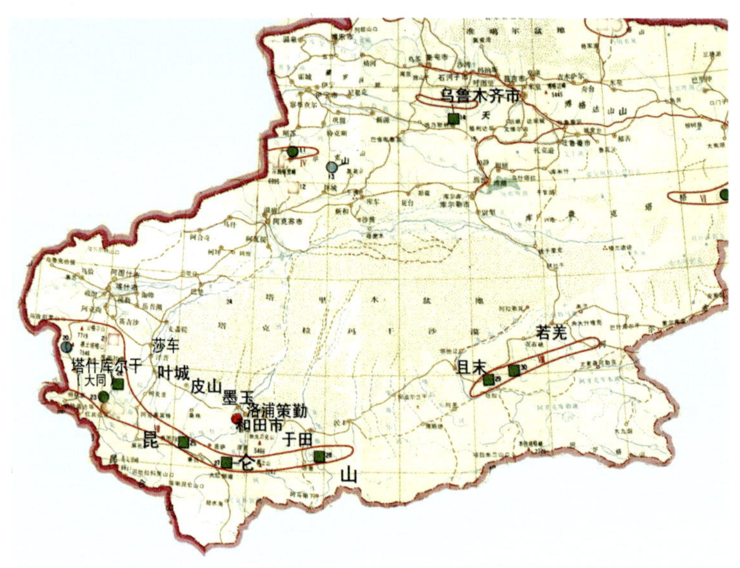


新疆软玉产地示意图。

玉河才闻名遐迩。墨玉河除产出墨玉外，部分河道还有青玉、碧玉产出，所以古时也有称绿玉河的。

⑤于田县阿拉玛斯玉矿，此为近代主要产玉地。早年的戚家坑、富家坑等矿坑就在此地。

※ 喀什叶城、莎车一带：

即古代称说的叶尔羌河沿线。附近的密尔岱山、玛尔湖普山、大同矿点等为山料玉主要产地，“大禹治水”等大型玉器的玉料也来源于此。

※ 巴州若羌、且末一带：

①塔特勒克苏矿，位于且末县城东南 90 公里处，海拔 3500 — 4000 米；

②哈达里克奇台矿，海拔 3000 米处；

③塔什赛因矿，海拔 5100 米处；

目前，新疆白玉的开采主要集中于巴音郭楞蒙古族自治州即巴州地区、和田地区和喀什地区这三个行政区域，依昆仑山脉沿东向西排列，其主要矿区分布在巴州的若羌县、且末县；和田地区的于田、策勒、洛浦、和田、墨玉和皮山六县；喀什地区的叶城县、莎车县和塔什库尔干县（大同乡）等。

据调查，每年农闲季节，和田地区有几万甚至十几万人挖玉、拣玉、下河捞玉，其盛况空前。但幸运不是每个人都能享受到的；采矿难度非常大，有的人可能一朝暴富，也有的人几个月颗粒无收。

新疆白玉过去几千年的开发利用，规模小，只是用作皇宫贵族享用的装饰品，普通百姓很少接触。从夏朝到清朝的4000多年间，新疆白玉的开采，有记载的仅9968吨，年均不到2.5吨，而从1957年到1995年的近40年间，共采玉9459吨，年均开采近250吨；至20世纪末，开采总量已远远突破1万吨。这些玉料在20世纪70年代之前，主要用于出口和外宾所需的玉器制作。20世纪90年代开始，新疆白玉饰件和工艺作品才走进寻常百姓家。新疆白玉较大规模的开发正是从上世纪90年代开始的。

因为产地大多在海拔4000～5000米以上的高山峻岭中，气候条件恶劣，每年只有3个月可以上山采玉；运输条件极端困难，设备陈旧，再加上地勘资金等因素，开采规模都比较小。目前开采山料，不是杠撬就是打眼放炮，所以开采的玉料，块度小、裂纹多，出材率很低，造成了资源浪费。

新疆白玉籽料主要分布在新疆和田地区的古河床或两侧干阶地中，裸露地表或埋于地下或分布于河床中。《古今图书集成》引《游宦记》记载：玉河源出昆仑，西流千三百里，至牛头山，“分为三：曰白玉河，再城东二十里；曰绿玉河，在城西二十里；曰乌玉河，在绿玉河西七里。源虽一，玉随地变，故色不同。每岁五六月，水暴涨，随流至，多寡由水细大。水退乃可取，方言捞玉。”籽玉采集方法除了“捞玉”，还有“取玉”。《太平御览》曰：“取玉最难，越三江五湖至昆仑，千人往，百人返；百人往，十人返。”目前，籽玉的采集，多为人工操作，只有少数采用机械方法，效率仍十分低下。

新疆白玉产状不同，有籽玉、山料玉、戈壁滩玉和山流水玉之分，各自的特征也比较明显。

### 【1】籽玉的特征

籽玉又名籽料，其特征可从外皮、外形、块度、质地、颜色等方面考察。

#### A. 外皮

有外皮的玉，可称之为“璞”。外皮是新疆籽玉的重要外观特征。

外皮有色皮、石皮之分。

——色皮指籽玉外表带有黄褐色或其他色泽的一层很薄的皮(约厚1mm)，系氧化所致。

皮色有白、黑、秋梨、糖红等许多种。行业中常以籽玉外皮的颜色来命名籽玉，如白皮者，称“白皮籽玉”；黑皮者；称“黑皮籽玉”；乌鸦色者，称“乌鸦皮籽玉”；似鹿皮色者，称“鹿皮籽玉”；桂花色者，称“桂花皮籽玉”，色如红糖的，称"糖皮"(糖皮者，山流水玉和山料玉中也常见)，等等。籽玉的外皮颜色比较多，人们认识颜色又常带有主观感受，因此同类籽玉在皮色上略有差异时，会出现不同的名称，如"烟袋油皮籽玉"，它与"秋梨皮籽玉"、"枣红皮籽玉"的差别甚微，仅颜色上深浅不一而已。

——石皮指白玉的石质围岩外层，去除围岩后才能得玉。

B. 外形

新疆白玉籽料属于冲、洪积型，出自河流的中下游。千万年来由于风化剥蚀、水流冲击，体态光滑，无棱角，外形呈鹅卵状。

C. 块度

籽料都是块状。块度一般比较小，"如盘、如斗、如拳、如栗"，份量一般

和田籽玉原石。

和田籽玉的表皮特征：细腻、滋润。

和田红皮籽玉，皮色重而满，白色部分的玉质尤其细腻，油性也好，是俏色雕的最佳材料。

和田籽玉表皮的多种形态，此为石化皮、红皮。

新疆秋梨皮籽玉的俏雕作品

和田籽料中“乌鸦皮”的表现特征

和田籽玉“鼠钱挂件”充分利用满色外皮，别有情趣

新疆青化白玉籽的玉质细腻，密度好，是俏色雕的好材料。

和田籽玉的枣红皮，颜色非常漂亮。

和田白玉呈鹅卵状，体态光滑，此为羊脂白玉原石。

在几公斤左右，最小者仅小指一般。上百斤的，则属罕见。

D. 质地

细腻紧密，光泽滋润、柔和，微透明，是新疆软玉中的上品。

E. 颜色

以白色为最佳，也有带青、带灰的，但质量要差一些。

※ 羊脂白玉的特征

新疆白玉的籽料中，玉色白润，质地致密、纯净，油脂感强，无玉性表现而杂质极少的，称羊脂白玉，其价值十分昂贵。

用羊脂白玉雕琢的《唐代仕女》，玉质细腻、洁白，色泽温和，油性好。作品巧妙利用原石造型，人物形象的柔美，通过白玉的质感得到完美的表现。

羊脂白玉“白、润、细、韧”，精光内蕴，细腻无瑕，体态滋润，晶凝如脂；在偏光显微镜下观察，羊脂白玉的矿物颗粒度大小基本均匀，一般为0.006 × 0.033～0.001 × 0.01毫米。

目前，质地特别好的羊脂白玉已不多见，有的玉色闪青，有的玉有性，有的表面不洁净，人们看到或感觉到的质地差异现象，其实都反映玉的缺点的存在。

### 【2】山料玉的特征

原生矿床产出。以往，玉雕行业中对产于山上的这些白玉料，都以矿坑分种类，如戚家坑、杨家坑、卡羌坑，等等。

戚家坑：清末民初时，天津人戚春甫、戚光涛兄弟在新疆且末地区开采软玉时所建矿坑，产出的玉料色白而质润，是出名的好料种。

杨家坑：位处新疆且末地区，所采玉料有栗子色外皮，内部色白质润，属好料种。

卡羌坑：在新疆且末山上，所采玉料有白口、青口、黄口之分，质坚性匀，常带有盐粒闪星。

#### A. 外形

呈不规则棱角块状，块度较大。

#### B. 质地

与籽玉相比，山料质地多数较粗，阴、阳面明显，内部结构显示的不同玉性比较明确。

新疆糖白玉《雀巢》，糖色细腻、稳重，白度虽不够，但油性好。

新疆白玉《童子与弥勒》，用的是糖白玉山料，体积大，但白度不够。

C. 颜色

有白、青白、灰白等色，以青白、灰白为多。

【3】戈壁滩玉的特征

戈壁滩白玉，有些是原生矿床产出的山料，由于地壳变动、雪崩或其他大自然营力现象将其搬运到戈壁滩后，长期受风沙冲击后形成的；也有些是已经形成籽料，后受自然外力运动等被搬运到戈壁滩中，经受风沙的磨砺、石流的冲击而成。

作品《罗汉》利用戈壁玉长期受风沙冲击而形成的表皮，刻画人物形象极具个性。

A. 外形

由于受到沙尘、石流的长期磨蚀、冲击，玉材失去棱角，表面较光滑，常带有砂石冲击后留下的波纹面，表面有大小不等的沙孔。块度大小不等，片状为多。

B. 质地

较为紧密、细腻、坚硬。

C. 颜色

白、青白、灰白、墨黑等。

【4】、山流水白玉的特征

山流水白玉一般出现在河流上游，矿床属残积、坡积、洪积型或冰川堆积型。这类玉材距原生矿近，虽受自然剥蚀及泥石流、雨水和冰川的冲蚀搬运，但自然加工的程度有限，尚未完全变成籽玉，所以，新疆玉料商人平时戏称它是“籽玉的妈妈”。

A. 外形

无尖锐的棱角状态，表面较光滑，常带有沙滩般的水波纹面。块度稍大，常见片状。

B. 质地

比较细腻、紧密。

C. 颜色

较白，也有其他色泽。

山流水墨碧玉的作品还留有原材料表面的水波纹

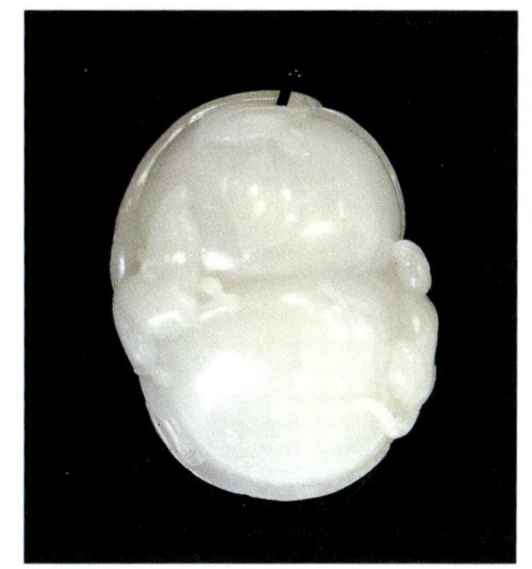

这件用新疆山流水白玉雕成的把玩件，油脂性好，色泽白而明亮，质地比较细腻。

## 2 新疆白玉的优劣鉴别

新疆白玉的优劣，可从形状、颜色、质地、净度等方面进行鉴别。

### 一□形状分析

严格地说，鉴别白玉内在质量的优劣，应该从它当初产出的形状、皮色，即对原石鉴别开始，先区分它是籽料还是戈壁滩料、山流水料或是山料，这是一种便捷而又比较可靠的方法。目前，业内之所以非常重视籽料、戈壁滩玉、山流水料与山料的鉴别，就因为籽料的价格比山料、山流水料、戈壁滩玉要高得多。

一般来说，白玉籽料是白玉中最好的，色白滋润、质纯、质细、玉性小、裂纹杂石少。戈壁滩玉、山流水玉低于籽玉，山料玉低于山流水玉和戈壁滩玉，这只是一般规律，相同条件下，这是区分各种白玉优劣的基础。上文已从形状、颜色方面作了区分。实际评定时还要结合其他因素综合考虑。

这里着重介绍籽玉。

(1) 籽玉形状的鉴别：

籽料产于河床中，均系磨圆度较好的光滑小块体，大者甚少，结构致密均匀，质地一般都比较好，表面多数留有黄、红、黑等风化色皮。有经验的行家一般从籽玉表皮、凹洼处的颜色可推测其内部的质地和颜色。

籽料中，纯白籽最优。纯白籽又叫“光白籽”，表面如凝脂。

带色皮的，有很多品种，如“白皮籽玉”、“黑皮（乌鸦皮）籽玉”、“枣红皮（或称烟袋油皮）籽玉”、“秋梨皮籽玉”、“虎皮籽玉”、“葵花皮籽玉”、“糖皮籽玉”，等等，其中最名贵的是“桂花皮籽玉”和“枣红皮籽玉”。芦花皮和粗地红皮的籽料多为性不匀者。新疆白玉籽料中，无论皮色如何，内部一般仍是白色。只要内部白而润，都属上等材料。

和田籽料中“秋梨皮”

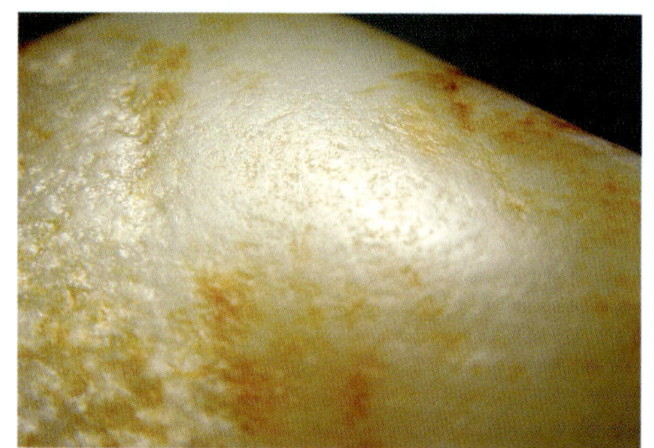

新疆白玉籽料的天然皮色受风化剥蚀、水流冲击，光滑、无棱角，表面呈桔皮粒状或麻粒状。

和田籽玉原石中的“虎皮纹”

和田籽玉的另一种表现形式：干而无油脂

**“玉性”、“阴阳面”**

“玉性”，行业内使用的专业术语，指的是玉料客观存在的缺点。

这些缺点由结晶颗粒的形状和排列的不同而造成，具体表现阴性、顶性、硬性、卧性、软性、拧性、斜性、片性、干性、糠性、冻性等。

其中，干性、糠性、冻性的出现，还跟杂质的掺入有关。除此之外，还有阴阳面。好的籽玉则无性的表现。

阴：即玉的一部分或全部呈现阴暗的色调，如煮过的荸荠。

油：非凝脂的油性感觉。

嫩：透明度大，但无灵气，有娇嫩的感觉。

灰：色灰、色不正。

干或僵：不透彻、不润。

瓷：如瓷质。

松；：结构不紧密。

面：质松。

暴：在制作中翘起鳞片，或称“起皮”、“起暴”。

在一块玉中，往往这面质地好，而那面质地差，这种现象叫“阴阳面”；

阴阳面实际上是玉在形成过程中围岩影响造成的。质地好的一面叫“阳面”，也叫“堵头”、“顶面”；质地差的一面叫“阴面”。

### (2) 籽料皮色真假的鉴别

籽料的内在质量都比较好，它的表面一般都有色皮。不法商人为牟取暴利，往往将籽料或将山料磨成籽料形状后，给外表人工染色，以冒充籽料，蒙骗消费者。因此在当前的玉料商贸中，非常注重籽料皮色真假的鉴别。

天然外皮与人工染色皮有本质的区别，用放大镜细心观察可区分开来。

**·天然外皮·**

天然外皮分“风化物”和“铁质浸染物”两大类：

①风化物

一般呈浅淡黄或白色，不透明，质软，沿裂隙呈带状分布，或在结构薄弱部位呈不规则团块状、斑点状。其特点是：不仅存在于白玉籽料表面，还往往深入籽料体内（用放大镜或显微镜可以观察到），与籽料体内呈逐渐过渡的关系。

新疆和田籽料中，有的表面呈现风化的石皮。

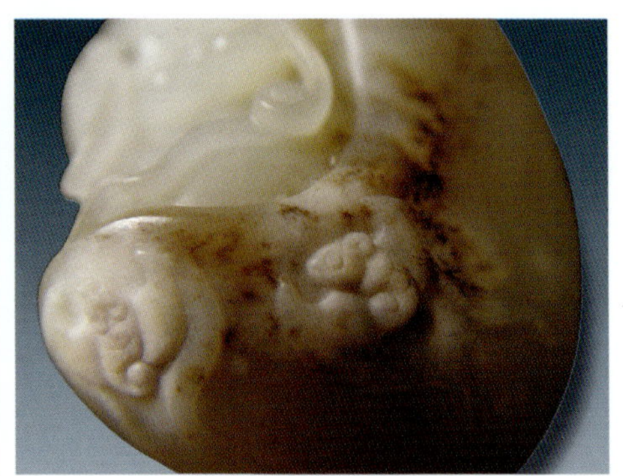
和田籽玉作品中，石化皮的巧雕利用。

②铁质浸染物

铁质浸染物具有以下特征：

· 所呈浅黄、黄、棕、暗红、黑等颜色，由其氧化程度决定；

· 在同一块白玉籽料上，铁质浸染物的颜色不均匀，有深浅变化，层次分明，并有一定的分布规律，即由内向外分别为：黑→暗红→棕→黄→浅黄过渡，黑色常以斑点状显于浸染物中心。

· 铁质浸染物多沿裂隙呈线状分布，并逐渐向外扩展，其两侧常伴有沿同一方向分布的不透明风化物；铁质浸染物也可呈团块状、斑点状在结构薄弱部位独立存在，其周围也常常伴随有不透明风化物。

· 用放大镜或显微镜观察，可见铁质浸染物不只存在于表面，还深入到籽料肉内。

和田籽玉中被天然浸化的皮色

### ·人工染色皮（俗称“二皮子”）·

人工染色即皮色作伪有两种方法：

①植物染色法——用新疆新鲜核桃壳榨出的汁浸泡，颜色一般比较逼真，不容易褪色。

②染色剂染色法——有用化学染色剂浸泡和用强酸处理染色两种办法。

人工染色所用时间短，没有漫长的风化过程，因而具有与天然皮色截然不同的特征：

人工烧制“带色皮的籽玉”，色彩过渡不真实、不活，颜色也不够鲜明。

这件新疆白玉籽料山子雕，皮色是人工烧制的。

·颜色单一，一般无深浅变化，更没有天然皮色那种由内向外，由黑→暗红→棕→黄→浅黄的颜色渐变特征。

·颜色浮于外表，而不像天然色那样深入玉肉内。

·没有风化物伴生。伪造者会对玉石中的原生白色石花进行染色，以冒充天然风化物，但这种石花与玉肉界线清晰，无中间过渡现象。

### ——□色调表述

新疆软玉以白、青、黄、墨、碧为本色，所以有白玉、青玉、黄玉、墨玉、碧玉之分。本色玉之间都存在色差。色差也可用来区分质地的优劣。一般说来，白玉以色白者为最优，但它的白度很少有一样的，有的闪青，有的闪绿，也有的闪灰，所以行业中多用形象称呼，如“青白”、“葱白”、“灰白”等，也有用“梨花白”、“象牙白”、“鱼肚白”、“糙米白”、“鸡骨白”、“羊脂白”来比喻。

山料、山流水玉、戈壁滩玉中，也是以色越接近白色越好。

玉料中除了本色及其色差的存在之外，还因为可能混有其他物质而形成其他颜色，这就是业内所说的“杂色”。特别不好看的杂色，则称“脏色”。杂色只能说明玉料质地不够纯净，是品质档次相对较差的玉料，有时杂色的玉料，在制作中设计得法，常会变瑕为巧，变废为宝。

白玉料上呈现分散的黑点，这是杂色；而大面积黑色者则属稀少的上等材料，称“墨玉”。

白玉外表有一定厚度的棕褐色称“糖色”，在玉器制作中是可利用的杂色。

我国一些高等院校和珠宝科研机构研究白玉课题，在颜色测量实验的基础上将白玉的颜色定量化，给出了颜色标号和色的立体模型，用“白度表色法”、

和田籽玉各种白色的表现

和田籽玉色调：白、润白、灰白的比较

“色调／明度／饱和度表色法”等科学方法，谋求合理、科学地划分白玉颜色的等级。不过，业内目前在商贸活动中主要还是依靠经验辨别颜色，以此来判断玉料的优劣。

### ——□质地分类

质地是白玉评价的核心因素。在玉料贸易实践中，人们选择白玉产地，根据产状区分籽料、山料、山流水料和戈壁滩料，最终目的就是寻求比较好的质地。

新疆和田籽料作品《风吹牡丹》，质地细腻，白度净丽，皮色好雕工又精湛，所以人见人爱。

白玉质地由本身固有的结构所决定。当这些玉料制成玉器后，它的细腻程度、透明度和光泽等，就明显地表现出不同的质地了。

#### （1）细腻程度

白玉的质地越细腻越好。

判断细腻程度，靠我们对已经作用于玉石的那些光线进行观察而所产生的感觉——当内在结构的各个部分对光线的作用没有明显差异时，人眼感觉到它均匀一致、没有异物存在，这种白玉的质地就很细腻。质地细腻主要有以下几方面的要求：

· 晶粒间隙小。

我们可在点光源侧向，对着光进行观察：晶粒间隙、晶粒内部的折光率有很大差异的，晶粒间隙大，质地显得粗糙；晶粒间紧密镶嵌，单个晶粒的边界不明显，晶粒间隙小，它的质地就比较细腻。

**点光源侧向照明观察法**

将白玉标本（最好是抛光样品）放在水中，利用点光源（光纤灯或聚光电筒）侧向照明，然后观察其内部结构。

· 晶粒粒度均匀

它的晶粒粒度越小，排列越均匀一致而无明显差异，它的质地也就越细腻。

· 透光性能一致

在白玉中，透闪石晶粒局部聚集成各种各样的集合体，集合体之间的排列很均匀，透光性能一致，质地也细腻。

· 显微裂隙少

裂隙是白玉材质的外观鉴别要素之一。白玉材料中有大的绺裂并不可怕，这在设计制作中可以避让；最怕的倒是其内部存在的显微裂隙。

### （2）透明度

透明度是玉透光强度的表现量。这种表现量既与玉内部结构密切相关——业内把它当做检验玉的质量的重要指标；同时，它对白玉质地、颜色能产生烘托作用。各种软玉都有自己的最佳透明度标准；最佳的透明度可以把玉材的质细、色美烘托得更好。观察表明，不透明的白玉，质地干，不滋润；半透明或近半透明的，则缺乏优质白玉所特有的油脂光泽。

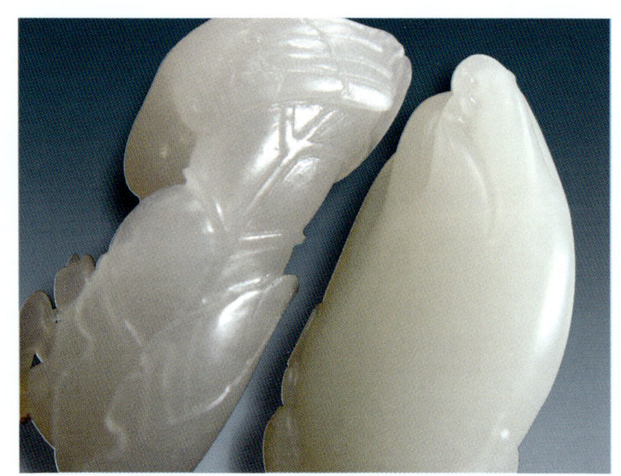

和田籽玉与青海白玉对比：左侧的青海白玉显得白，但嫌透，脂性不够；右侧的和田玉，脂白而密度感强。

检测一块玉的透明度，应该具备三个条件：一是有光源；二是玉料经过抛光，能如实体现它对光

和田籽玉中，润白与透白的对比。

的吸收的强与弱；三是玉料的厚薄。这三个条件中，玉吸收光能是一个不变量，所以人们才会在许多不同的玉料中进行选择。光源、厚薄是可变量。

玉吸收光能之所以是一个不变量，在于它有一个固定不变的内在结构。这种结构的5个方面的因素决定了对光吸收的强与弱。

· 晶粒大小

晶粒越小，透明度越差。因为同体积的白玉中，晶粒越小，总的晶粒表面积越大，由于晶粒间隙和晶粒边界的折光率与晶粒内部有较大差异，光线经过晶粒边界时总要发生相应的折射、反射，这样，光程增加了，光损耗也增大了。

· 晶粒间隙

晶粒间隙越大，透明度越低。要有较好的透明度，晶粒之间必须紧密镶嵌。

· 光性方位

光性方位相同或相近的晶粒聚集在一起形成集合体时，集合体内部消光一致，类似于一个较大的晶体，这种情况会增加透明度。

· 结构均匀程度

结构均匀时，射入玉石的光线有规律地行进，有利于透明度的提高；当结构很不均匀时，光线很难射入玉石内部，一般在玉石表面就被反射回去，因而透明度很差。

· 显微裂隙

由于折光率的差异，显微裂隙越多，透明度也越差。

### （3）光泽

白玉一般都具有程度不等的油脂光泽。油脂光泽越强，质地越好。换句话说，白玉的质地越好，它的油脂光泽也越强。这种关系不应该是人为的，而是客观存在。

当一束光射到玉石上时，会产生下列表现方式，即：

**入射光＝一部分被玉石本身吸收＋一部分形成反射光＋一部分形成透射光＋一部分形成内散射光**

内散射光是射入玉石内部的光线经玉石内晶粒散射后，再次射出玉石进入人眼的那部分光线。反射光包括表面漫反射光和表面镜像反射光。很明显，表面漫反射光、表面镜像反射光、透射光和被玉石本身吸收的光不可能导致白玉特有的油脂光泽。大量观察结果表明，表面漫反射光、表面镜像反射光和透射光量越多，油脂光泽反而越差。内散射光才是导致白玉呈油脂光泽的主要原因。

和田籽料作品《灵猴献寿挂件》，洁白，但密度不够紧密，因而表现出光泽比较强。

充足内散射光的存在，应具备两个基本条件：①光线能射入玉石内部一定深度；②进入玉石内的光线应被充分散射。

光线深入玉料内部当然是以玉有透明度为前提的，这就要求玉的透闪石晶粒有一定的粒度，晶粒间紧密镶嵌，间隙小；要求相邻晶粒的光性方位相近；要求玉石的结构均一；甚至不能有密集的裂纹存在。然而，它的第二个条件——进入玉石内的光线被充分散射，结果会导致透明度变差。这两个条件因此实际上是一对矛盾。最终，内部结构矛盾的对立与统一，造就油脂光泽的强与弱。

由此可见，白玉质地的细腻程度、透明度、光泽，归根到底是由其显微结构，即晶粒的大小、形态及其排列方式所决定。

### ——□净度等级

净度是指白玉中绺裂的程度和白玉中含杂质的情况。

所谓“绺裂”，指宝玉石的裂纹，俗称“膈”。玉料的绺裂，有的是成玉过程中的构造运动形成的，有的是开采过程中产生的。根据不同的裂纹形状与分布，分死绺裂和活绺裂两大类。

和田籽玉原石中的天然裂纹

死绺裂属于明显的绺裂，有“碰头绺”（在堵头和软面呈现出的绺）、“抱洼裂”（常在软面出现，边缘部分浅，中间深入）、“胎绺”（在玉的内部出现，又称“窝心绺”）和“碎绺”（各种可见的细小绺裂）。

活绺裂属于细小的绺裂，有“指甲绺”（犹如指甲插出来的印痕，月牙形，点迹，布于表面，）、“火伤性绺”（表皮甚至内部呈现鱼鳞片状的绺）、“细牛毛性和星散鳞片性绺”（多呈方向一致的细微解理状，隐约可见）等。

对明显的绺裂如同对瑕疵一样，应尽量去掉。一般来说，死绺好去，活绺难除。经验表明，凡是显在堵头或硬面的绺绝大多数能侵入内部；除胎绺难以预测外，其他绺裂都能反映在玉面上，只要把堵头表皮切出平面，死活瑕疵绺裂一般都能显示出来。

### ——□品质综述

对白玉的质量从形状、颜色、质地和净度等方面分别进行评定，然后综合评估，决定它的品质档次。

好的白玉，应该质地细腻，颜色明快，脂白而均匀，无性，无绺裂和瑕疵。

有的玉质量比较好，性小、滋润、瑕疵和绺裂少，可依颜色和块度大小以及形状，确定如何运用恰当；质量比较好，但性大、瑕疵和绺裂明显，可分析玉的阴阳面，切下阴面一端的表皮，观察剖面，找准阳面所占部位，予以选用。带有一些缺点的料只要有阳面存在，都可选用。

新疆白玉的典型特征是质地细腻、油脂光泽强，其质地分类如下：

### (1) 新疆优质籽料——羊脂白玉

· 外观：微透明，油脂光泽很强，质地表现非常细腻，白而滋润。

· 显微结构：主要由隐晶质透闪石组成，呈隐晶质结构，含少量显微片状透闪石晶粒。其特点是隐晶质透闪石常紧密镶嵌成一个个不规则的消光块。这种结构使它的质地非常细腻，微透明。消光块的存在保证了一定的透光度，细小均匀的隐晶质晶粒又使光线被充分散射，因而具有较强的油脂光泽。

羊脂白玉——和田籽玉中的极品，洁白、细腻、油润，名贵且稀有。

· 点光源侧向照明：呈微透明的密集云絮状，均匀分布。

羊脂白玉《蚌仙女》

### (2) 新疆一般籽料

· 外观：微透明至稍近半透明，油脂光泽强，质地表现细腻。

· 显微结构：隐晶质结构为主，局部可见由隐晶质、显微纤维透闪石交织而成的毛毡状结构。隐晶质结构的特点是隐晶质透闪石常紧密镶嵌成消光块，同一消光块内部消光现象一致，其局部可见的毛毡状结构特点是大部分晶粒同时消光，形成大片的消光区，类似于一个很大的单晶体。由于大片消光区的存在，使透明度提高，呈近半透明状，同时使内散射光量相对不足，而导致油脂光泽减弱。

和田羊脂白玉原石

新疆和田籽料有大有小，皮色多样。

**消光现象**

消光现象是指非均质矿物在正交偏光镜下，矿体内所呈现的一种黑暗现象，因为它正处在消光状态中。消光现象的形成，表明矿物中的两个振动方向与上下偏光镜的振动面一致。我们将正交偏光镜的载物台转动360度，可见到的消光现象有4次。

非均质矿物在正交偏光镜下均有消光现象。在同种矿物组成的集合体中，当相邻矿物的光性方位一致时，会有共同的消光现象；在玉料中，当某一区域内的大部分矿物光性方位一致时，也会造成大面积的消光现象，并形成消光块。

用带皮和田籽料雕琢的《年年有余》，密度好，但白度和油性不够。

这件和田籽玉挂件，质地细腻，做工恰到好处。

· 点光源侧向照明：云絮状基底，其中散布透明度不等的细小斑块。

### （3）新疆山料玉

· 外观：有两种：一种呈微透明至半透明，油脂光泽一般，质地表现细腻；另一种，质地显粗，基本不透明，无油脂光泽。

· 显微结构：前一种由隐晶质、显微纤维透闪石交织成毛毡状结构。其特点是大部分晶粒同时消光，形成大片消光区；局部由呈弱定向分布的微晶——隐晶透闪石聚成团块状集合体。这种团块状集合体以大小不等的团块物存在，细腻度一般，透明度不够，油脂光泽较弱。往往具有成玉前矿物（主要是白云

白玉山料的外形和外皮

白玉《链条壶》用上等新疆山料制作而成，比较白，比较油润。

石）的假象，有时可见双晶纹；它的特点是其中的部分晶粒边界清晰可见，相邻晶粒的光性方位差异较大，不存在消光块。后一种由隐晶质、显微片状、显微纤维状透闪石组成，部分晶粒聚集成大小悬殊、形状极不规则的集合体，这些集合体杂乱分布，结构很不均匀；这种结构的玉料，质地较粗，由于结构不均匀，基本不透明，几乎没有油脂光泽。

· 点光源侧向照明：一种是带乳质感的半透明状基底，含数量不等的微透明白色团块；另一种为不透明、不规则白色物密集分布。

### （4）新疆山流水料、戈壁滩料

· 外观：透明度一般稍高（近半透明），油脂光泽尚可，常含较多绺裂。

· 显微结构：主要由隐晶质、显微纤维透闪石交织成毛毡状结构，其特点是大部分晶粒同时消光，形成大片的消光区，类似于一个很大的单晶体，这种

留皮的山流水墨碧玉雕件上，还能见到水波痕。

“戈壁滩玉”原料表皮受风沙吹打而留下的特殊玉皮纹理和颜色。

戈壁滩碧玉《金蟾》（把玩件）：细腻、油性好。金蟾的躯体利用戈壁滩玉的天然形状，巧夺天工，刻画得惟妙惟肖。因此，作品的形象很生动。

结构的玉料，质地细腻。而局部由沿长轴方向定向分布的纤维状透闪石结构，晶粒边界比较清晰；有这种结构的集合体常呈丝带状存在，透明度较差（不透明至微透明）。

· 点光源侧向照明：带乳质感的半透明状基底，含数量不等的微透明白色丝带状物。

## （二）俄罗斯白玉鉴析

20世纪末，国内市场出现了俄罗斯白玉。俄罗斯白玉有籽玉、山流水玉、山料玉等产出形态，迄今为止尚未发现戈壁滩玉产出。

俄罗斯白玉山料是十几年前开始开采的，矿址处在俄罗斯贝加尔湖附近的山脉，海拔2500米左右，至今开采的矿点位于俄罗斯布里雅特自治共和国首府乌兰乌德所属的达克西姆和巴格达林地区。

在俄罗斯布里雅特自治共和国软玉矿区附近的原始森林里，布里雅特河流中存有白玉籽玉、山流水玉，这些玉料与中国昆仑山所出软玉，在地质构造和矿床成因上有着不少相似之处。

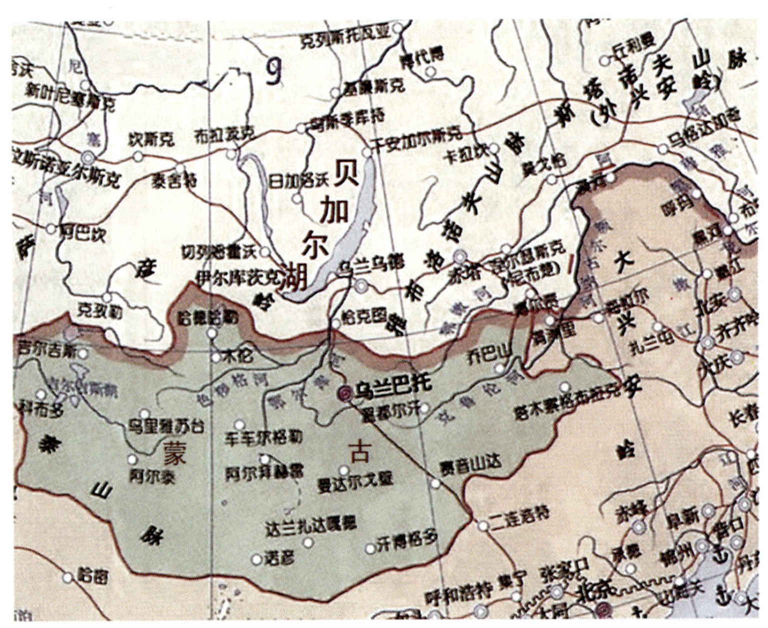

俄罗斯白玉产地——贝加尔湖地区在地图上的位置。

## 1 俄罗斯白玉的天然形态及特征

俄罗斯白玉矿体呈透镜状、脉状、似层状、团块状等，产出于酸性岩浆岩与白云质大理岩的接触带中，其中以透镜状为主。透镜体大小不一，在它的横剖面上，可见明显的分带现象：从边缘到中心，玉料的颜色依次渐变为褐色→棕黄色→黄色→青色→青白色→白色；矿物粒度由粗逐渐变细；透镜体中央常有较高品质的白玉产出，不仅色白，质地也非常细腻。

俄罗斯白玉的矿体由于受挤压构造运动的影响，含三价铁的溶液沿节理缝或裂隙渗滤，形成了颇具个性的棕色、褐色糖玉品种。这些糖玉与新疆白玉的糖皮、新疆山料玉中的糖玉，在颜色的色泽、分布形状等方面都存在明显的差异。

矿区附近原始森林的河流中，虽有籽料产出，但开采不便，产量少。

目前我们所能见的俄罗斯软玉，主要矿物成分为透闪石，杂质较少。在化学组成、矿物成分、结构以及外观上，与新疆白玉都极为相似。

俄罗斯白玉的外在特征，从外形、块度、外皮、颜色、透明度和质地上可以看出：

### 【1】外形

俄罗斯白玉籽料的形成与新疆白玉籽料的形成无明显差别，呈光滑的卵型。

俄罗斯山流水白玉由于受风雨的长期冲刷和相互撞击、摩擦，外形已失去棱角，一般以片状为多，表面比较光滑。

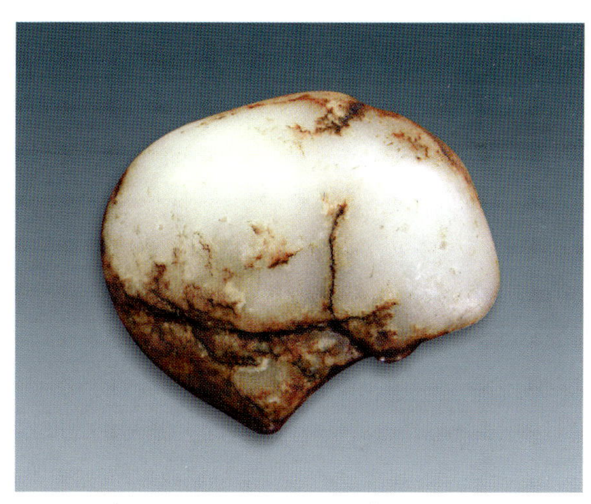

俄罗斯籽料的外皮，色皮强烈，裂纹处渗入杂质多而导致色重。

俄罗斯白玉山料属原生矿，表面粗糙，多见参差不齐的毛口表皮，多棱角而呈不规则块状。主要产出有：贝加尔湖新坑、老坑的糖白玉，以及白皮白玉、灰皮白玉。

用俄罗斯籽玉雕成的《寿星》，细白、油性足，手感好，雕工精致，俏色适当。

俄罗斯白玉山料原石表面

俄罗斯山料：表皮到玉体的剖析。

俄罗斯山料玉的“灰白皮”外皮，有参差不齐的毛口。

**【2】块度**

俄罗斯贝加尔湖矿山所出白玉、糖白玉，矿点虽少，但产量多，产出的块度也比较大。断口参差。糖料大面较整齐。

**【3】外皮**

俄罗斯白玉山料的外皮很有个性，业内就其外表皮色来命名它的品种，如“糖皮白玉”、“白皮白玉”、“灰皮白玉”，这些外皮与其他山料玉一样，都是参差不齐的毛口表皮。

俄罗斯白玉中的糖玉，因为特征非常明确，业内将其单独列为主要产出品种。中国新疆软玉中的糖白玉则从属于白玉。

**【4】颜色**

俄罗斯白玉山料多呈白色、灰白色、奶白色。少量的以白色为基色，抛光后会出现泛灰黄色。糖白玉的色调，从其切割的断面，我们发现它由外到内，则有几层颜色变化，最外层是浑浊的米泔水似的灰白色，内含深糖色蜘蛛点状；第二层是深褐糖色，第三层是浅褐糖色，这样一直过渡到纯白色。这种天然的玉色渐变形成俄罗斯糖玉的典型特征，非常独特。

**【5】透明度**

俄罗斯白玉山料的透明度，多数较差，呈不透明——微透明状。玉里面的云絮状纹理呈团块状，更显混浊感，部分的粥样糊状是其独有的特征。它的结

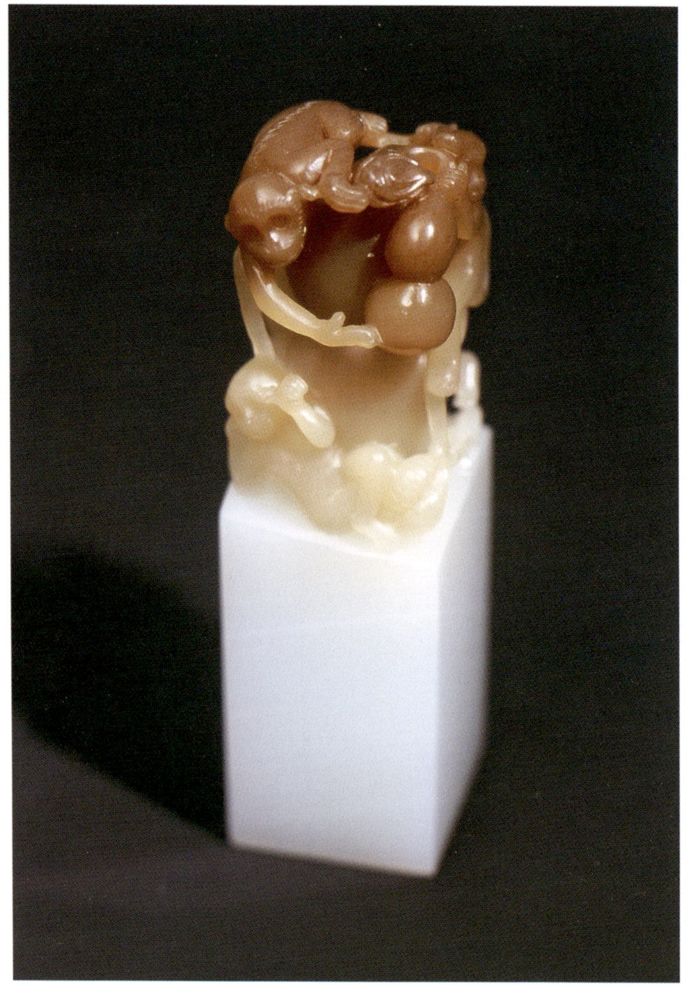

俄罗斯糖玉作品《猴纽印章》：印钮——糖色部分质优、色好，雕刻的形象生动；印体——白色部分洁白、完整而规矩。

俄罗斯山料原石：色白但油脂度、细腻度较差。

俄罗斯白玉原石的剖面显示其粥糊状的玉性特征。

构，“冰点”明显，并且比较大，灯下能见玉质中夹杂的“蟹爪纹”。

【6】质地

俄罗斯白玉山料由于晶粒的粗细、排列不够均匀，透闪石含量不稳定，质感不够细糯，而显得有些“钢”，雕刻中容易产生崩口、崩点，而显现出暴性。

## 2 俄罗斯白玉的优劣鉴别

### (1) 块度鉴别

俄罗斯白玉的块度较大，白皮料、灰皮料多“碎裂”、“僵块”、“糟头”，必须用切割的办法“去僵”、“去糟”，剥净，千方百计提高利用率。部分质地细润、白度较好、呈微透明状的，品质上乘。

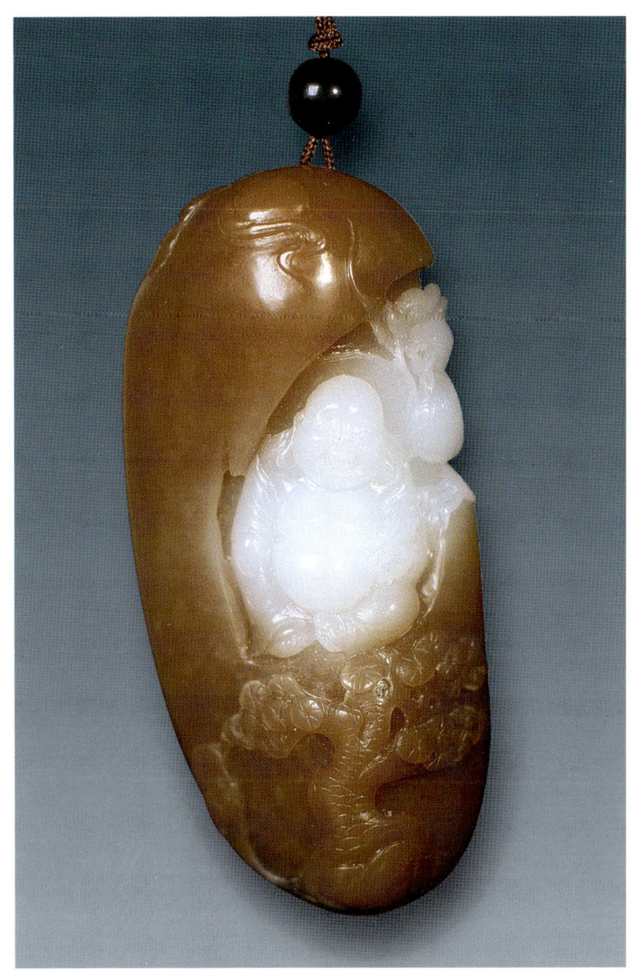

俄罗斯糖白玉《弥勒佛》：润白、细腻，俏色巧雕，人物形象刻画生动。

俄罗斯糖白玉的切割，越往中心玉质越细腻——这是俄罗斯白玉的又一独有特征。其中，质地细润、均匀、块度大、利用率高的，也属上等好料。

(2) 颜色鉴别

白色—灰白色是俄罗斯白玉的基本色。白皮料中色泽相对较白的（透闪石含量较高），杂质、斑点（杂质）又少，而色调明快的，也可以和新疆白玉媲美。

混浊褐黄色——深褐色——浅糖色是俄罗斯糖白玉的基本色。其中，呈中性糖色（即不深不浅），鲜艳明快的，制成玉雕工艺品，会有较好的艺术效果。一块玉料中，糖色、白色两色分界清楚的，可制作艺术性很强的俏色玉雕作品。

(3) 净度鉴别

俄罗斯白玉纯净度的鉴别主要从定向分布的特征，看它的云絮状纹理中，团块状、冰点是否明显以及结构的松与紧、密度的大与小。俄罗斯白玉多属纤微变晶交织结构，在小部分材质中呈平行或放射状排列，透闪石的含量占90%—95%不等，还含有黑云母晶体和磷灰石等矿物杂质。

净度好的俄罗斯白玉，由无色的透闪石和阳起石的细小纤维状晶体组成，粒度细而均匀，雕琢加工时不易起皮，暴性不明显，打磨后不会产生凹凸不平的麻皮平底面。

净度差的，材质中常夹杂蟹爪纹，有粥糊状的玉性特征。

## (三) 青海白玉鉴析

青海软玉出自青海省格尔木市西南的高原丘陵地区，矿点约有三处。产地属昆仑山山脉东缘，距新疆若羌县约三百多公里，它与新疆且末、若羌白玉在地质构造背景上有密切联系。青海软玉在产出早期有“昆仑玉”、“格尔木玉”等名称。青海软玉按颜色特征分为白玉、青白玉、青玉等品种。

青海白玉在市场上大量流通是在20世纪90年代中期。接着，用青海白玉制作的工艺品便在市场上大量出现。由于它与传统的新疆白玉在产量和价格上有很大的竞争性，对新疆白玉市场曾一度造成较大的冲击。

### 1 青海白玉的天然形态及特征

青海白玉的外在特征，从外形、块度、外皮、颜色、透明度和质地等几个方面可以看出：

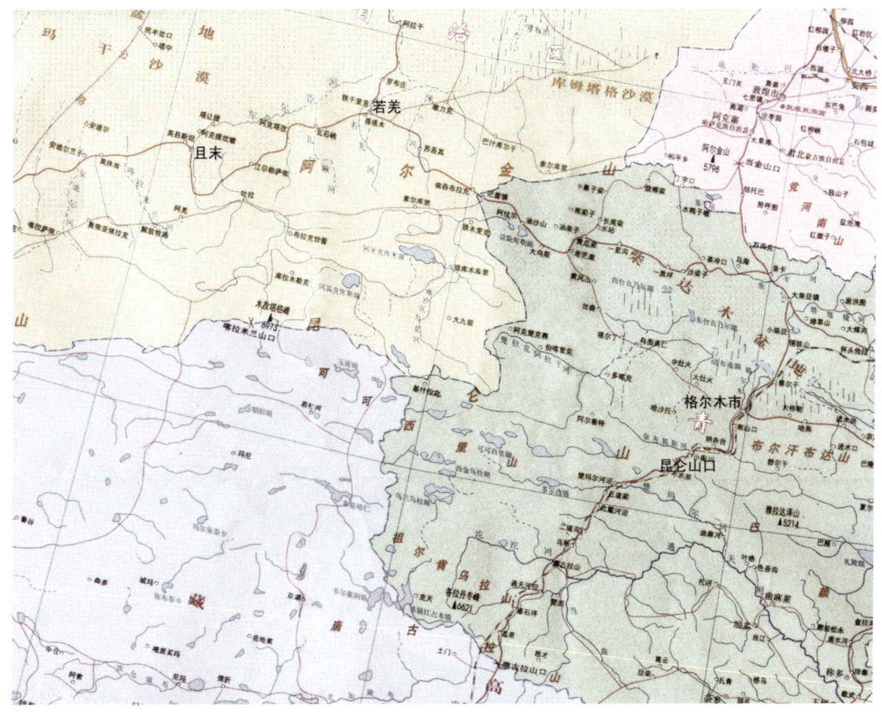


昆仑山脉新疆且末至青海的地图位置

**【1】外形**

青海白玉的开采，迄今为止未见籽料产出。目前产出的都是山料形态。这些山料玉，表面粗糙，多棱角，呈不规则块状。

**【2】块度**

青海白玉是青海软玉的主要品种，也是产量最大的品种。块度大，断口参差，大面较整齐。

**【3】外皮**

青海白玉的外皮，跟其他的山料玉一样，是参差不齐的毛口表面。呈透白、透青和黄灰色。对不同颜色的外皮，业内人士冠以不同的称呼。

青海白玉外皮的表现特征

**【4】颜色**

多呈灰白—蜡白色，习惯上称此为“青海白”。另有“米汤色”白玉，黄灰色，给人以灰暗不正的感觉。业内人士根据外观特征，形象地将青海白玉的不同品种描述为“奶白玉”、“透水白玉”、“米汤白玉”、“梨花白玉”，等等。

**【5】透明度**

大多数青海白玉呈半透明状，透明度明显高于新疆白玉和俄罗斯白玉，因而质感和凝重度不足，显得有些轻飘。有的青海白玉，透明度在同一块料上表现不够均匀，往往是局部块面呈半透明状，局部块面不透明。

**【6】质地**

青海白玉的内在结构为粒度稍粗但比较均匀，质感不够细腻而略显“嫩”，水头足（或者称“水分重”），呈蜡状光泽而缺乏“凝脂”般的温润光泽。

青海白玉山子雕，玉体透而无凝脂感。

透明度较高的，比较容易见到白色“脑花”状石花。通透而有灵气，常有“水线”、“水露”纹。棉絮状绺裂以及黑褐色翳状斑点、“石筋”、“石钉”等是一般青海白玉常见的玉性。

青海白玉常有的水线纹

## 2 青海白玉的优劣鉴别

### （1）块度鉴别

青海白玉块度较大，因此雕刻选材范围较广。大块料中，质地细润、白度较好的具“上等白玉”品质，好料的利用率相对比较低。

### （2）颜色鉴别

灰白—蜡白色是青海白玉的基本色。皮色相对较白，无水线、水露纹，杂质少的，制成玉雕工艺品后，几乎能达到去灰呈白的好效果。

青海软玉中有三种料目前归于青海白玉类：

——①“烟青玉”：这是与青海白玉伴生联体的烟青色的玉材，呈“浅→中灰紫→烟灰色”和深黑色；烟灰色中带灰青色调。烟青玉原矿表现为独立层状，也有在白玉料边缘形成黑层白玉，即具“黑皮料”特征的青海白玉料，由这种玉料雕成的黑白明显的巧雕俏色作品很有创意，丰富了青海白玉的俏色品种。

——②“翠青玉”：其绿色色泽似翡翠嫩绿，与碧

烟青玉摆件《猴》：俏色运用和雕琢线条的流畅，增添了作品艺术张力。

这件青海烟青玉挂件，玉质好，蜡状光泽，白色部分太透，但俏色运用很到位。

青海白玉《花果》的局部表现：青中带绿的一小块雕成昆虫，乃俏色运用的经典之笔。

玉、青玉的绿色明显不同。此玉料很少单独产出，而是附于白玉原料的一侧或形成夹层、团块。由这种玉料雕成的艺术品，有全绿的，也有在白玉雕件上形成俏色而一时成为收藏者们的抢手货，如青海白玉“大白菜”上绿色的蝈蝈、螳螂和昆虫等。

——③“青玉”、“青白玉”：青灰－深灰绿色，色调较闷暗，半透明，质地常优于新疆青玉，水头足，性好，由这种玉料雕成的大中型器皿等摆件，庄重典雅。“青白玉”的颜色淡雅清爽，半透明，质地均匀细腻，透明度明显高于新疆青白玉，性好，有水头。

和田籽料青玉作品《避雨》

青海白玉的糖色大部分由斑点状的黑褐色、翳色浸染而成，或集中形成黑褐色斑点，或色太浅，对玉雕工艺品的俏色运用贡献不大，相反，这些糖色对玉质破坏不少，因此可利用价值较低。

### （3）净度鉴别

杂质矿物少、净度好的白玉是由无色的透闪石和阳起石极细小的纤维状晶体组成，粒度稍粗，但相对密度略高。

鉴别青海白玉纯净度，主要看有否呈缠结状、线状、细脉状穿插，或定向排列的纤维状透闪石形成的“水露”、“水线”。不含或含极少“石花”、“石脑”、“絮状”绵绺等杂质的，均在纯净度较好之列。

# 二、新疆白玉与俄罗斯白玉 青海白玉的比较

## （一）新疆白玉与俄罗斯白玉的区分

### 1 新疆白玉籽料与俄罗斯白玉籽料的区分

#### （1）外皮

———新疆籽玉的外皮构成可归纳为两种类型。

①砂眼麻皮坑原生皮：表皮布满皮肤毛孔一样的细小砂眼，犹如凹凸不平麻皮坑，分细性、粗性两种。细性砂眼麻皮坑原生皮，云絮状纹理较细，砂眼小，皮质细腻。粗性砂眼麻皮坑原生皮，云絮状纹理粗，砂眼大，皮质粗；

俄罗斯籽料的外形：细腻、温润，油性好，外皮颜色比较单一。

②色沁原生皮：一部分籽玉在河里受到其他矿物质浸润、渗透，不仅表皮光滑，而且出现许多色彩，所以称“色沁皮”。色沁皮上，颜色变化较大，有

“蜘蛛纹”、“蜈蚣纹”等，还往往呈现深浅不一的“圈点”、“圈线”。

———俄罗斯籽玉的外表特征是毛口表皮，未见凹凸不平，打磨的成品有明暗相间的平底麻皮坑产生。所呈黄褐色、深褐色不均匀。部分糖皮表现为许多黑褐色的斑点，融入乳白色、棕褐色中而形成薄层外包裹体，也有渗透到里层的，形成不规则的“糖包玉”、“玉夹糖”（业内人士称此为“串糖”）现象。

和田籽玉的外形：细腻、滋润，脂白，外皮颜色有很多种。

(2) 颜色

———新疆籽玉外皮颜色较多，通常有白色、青白色、灰白色、黑色、秋梨色、桂花色、枣红色等等。

———俄罗斯籽玉外皮颜色较为单一，以白色、乳白色为基色，棕褐色、蛋黄色、糖色等典型色在一块玉内，由外到内地呈现出来：最外层的灰白色→第二层的深褐糖色→第三层的浅褐糖色→这样一直过渡到纯白色（行业人士称

作品《浴女》所用的俄罗斯籽料，白而油脂性好，几乎可与和田籽料媲美。

俄罗斯籽玉的玉质好，白皙，但外皮颜色强烈。

此为“串色”)。

### (3) 质地

———新疆籽玉体如凝脂，油性极强，透闪石含量几乎达到99%，云絮纹理短而致密，精光内蕴。质地温润、细腻，物理性能稳定。

———俄罗斯籽玉质地细腻、温润，油蜡性好。小团块云絮状纹理致密均匀的，品质接近和田籽玉。由于透闪石含量的不稳定，虽然一般籽料的内层玉质细腻，色白，但容易泛红、泛灰。

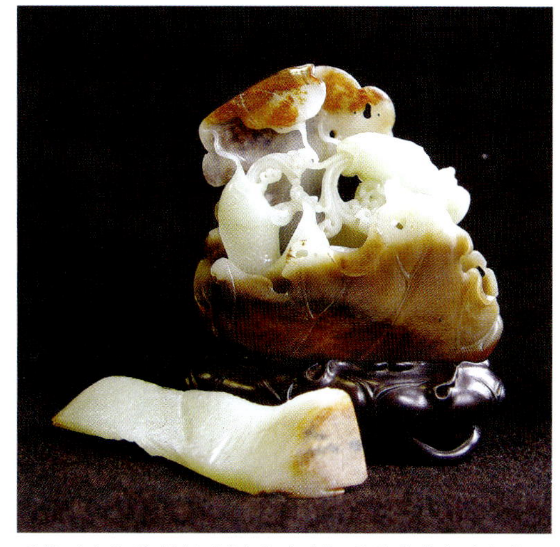

用俄罗斯籽料创制的《连年有余》，将俄料特有的白皙玉质和皮色融洽地表现出来。

## 2 新疆白玉山料与俄罗斯白玉山料的区分

———新疆白玉山料有多个产地，如昆仑山脉中段的于田老坑山矿区，叶羌西的玉河附近的密尔岱山等，因此山料玉的质地出入很大。新疆白玉山料表面都是参差不齐的毛口表皮，而内部云絮状的纹理松散，往往出现长条状、长丝状。有些山料加工成产品，轮廓边缘会出现微小的白色起皮；有些山料白色偏青，质坚性匀，常有盐粒闪星，运用薄胎工艺可返青为白。由于透闪石含量

新疆山料玉《竹笋壶》

新疆山料糖白玉仿古作品《三足鼎》

不稳定，制成器物的表面在灯光照射下，会显现类似米粒屑的白色或其他色泽的斑点。

——俄罗斯白玉山料产量大，块度大，主要产品有糖皮白玉、白皮白玉，灰皮白玉，外表都呈现参差不齐的毛口表皮。由于晶粒的粒度、粗细排列不均匀，透闪石含量不稳定，因而质感不够细糯，给人以“刚”性感觉，雕刻中容易崩口、崩点（起皮现象）。其中的糖皮白玉山料，由表及里的质地有较大的差别；层次越深，质地越细腻。云絮纹理呈团块状，夹杂许多蟹爪纹，结构松，硬度也差一些，经磨光后产品的表层尚显混浊感。糖玉的颜色有渐变现象。但用“串糖”玉材雕刻成的俏色作品产生拖泥带水的感觉，很难俏清楚。打磨时易形成高低不平的平底麻皮面，侧光下肉眼即可看出。

从俄罗斯山料玉的剖面上可以看到它的糖色的过渡——“串糖”

用俄罗斯山料玉雕成的《瑞兽》，洁白、细腻，但欠温润。

## 3 新疆山流水白玉与俄罗斯山流水白玉的区分

——新疆山流水白玉的内外质色一致，是优良料种。内部特征与籽玉差不多，非常润泽、细腻，油脂度稍差，糯性稍弱，透闪石含量达95%以上，色白、质地好的山流水白玉成品与籽玉作品放在一起，几可“乱真”。

——俄罗斯山流水白玉质地比较细腻、温润，油蜡性好，和中国新疆山流水白玉的质地基本一致。只是在色润、光泽有些差异；俄罗斯山流水玉有透水的类似“玻璃”光泽感觉，这是透闪石的含量不甚稳定所致，它的不平整表皮大起大伏，并带不均匀的暗红色。

迄今为止，不曾发现有俄罗斯戈壁滩白玉产出。

总之，俄罗斯白玉与新疆白玉在成因、产状、矿物成分、杂质组分、结构、外观上颇为相似。两者的差异主要表现在：

新疆白玉结构为典型的毛毡状交织结构，矿物颗粒非常细小，一般在0.001mm左右，表现在外观的质地细腻，“油润感”强。透光观察，“饭粒”感弱。

俄罗斯白玉由于中细粒斑状变晶结构的白玉产出比例大，矿物粒度不均一，因而外观质地表现细腻不够，相对新疆白玉而言，“油润感”差些。透光观察，粒状感强（相对新疆和田籽玉而言），光泽略带瓷性。

俄罗斯白玉中，相当一部分有“糖皮”，但与新疆和田白玉中存在的“糖皮”不一样，它是受到沿节理缝或裂缝的铁质浸染而成，而且比较厚。

有的行家从颜色上作区别，认为俄罗斯白玉白中透红，新疆白玉白中泛青。

俄罗斯白玉中的上等玉料在“白度”和“油润性”上，比较接近新疆的“羊脂白玉”。

## （二）新疆白玉与青海白玉的区分

从青海白玉矿区开采情况看，迄今为止还没有出现籽料白玉。

在宝石学的鉴定指标上，青海白玉与新疆白玉相同，只是产地不同而有某些差异。

### 1 外皮

青海山料玉（左）与俄罗斯山料玉（右）的对比：前者白、透，但欠细腻。

青海白玉山料与新疆白玉山料的产出，两者的块度都比较大，断口参差，但青海山料玉大面较整齐，片理化现象较少，而且有白皮料、烟灰白料、黑白相间的玉料等品种。

## 2 颜色

青海白玉的颜色多数呈灰白—蜡白色，少量黄灰色称为“米汤色”，与新疆山料玉的颜色不一样，有灰暗不正的感觉，不明快。另外，翠青色、烟灰色、黑色等特殊颜色常与白玉共生一体，成为青海白玉的典型颜色特征。

白玉质地微透与不透的对比

白玉细白、透白、青灰的对比。

### 3 透明度

多数青海白玉透明度明显高于新疆白玉，有些呈半透明状，油性差。有的玉料，局部块面的透明度不均匀。较纯净的玉料，通透而给人以有灵气的感觉。料中多见“水线”、“水露”纹。

### 4 质地

青海白玉呈纤维状与叶片状交织而成的毡状、束状结构，有絮状棉绺或黑褐色翳状斑点；“石筋”、“石钉”等杂质是常见的玉性特征。新疆山料玉呈云絮状，往往出现长条状、长丝状，加工时有起皮现象，体内含米粒屑斑点。

新疆烟青玉作品《大胡子》强调玉料中天然黑色、白色的表现，巧雕非常成功。

## （三）青海白玉与新疆、俄罗斯白玉的综合分析

青海白玉和俄罗斯白玉在市场上出现，不过是十数年的历史，它们均属名副其实的软玉。但是，由于受地质环境等诸多因素的影响，用它们制

青海白玉《蜻蜓点水》把玩件，细腻透白，作品中的红色虽为人工烧制，充当皮色，但俏色巧雕的艺术效果仍讨人喜欢。

作的工艺品与新疆白玉作品相比，人们的感官效果不一样，而且把玩后所呈现的滋润感也比新疆白玉差，这正是当前新疆白玉价格居高不下的一个重要原因。

青海白玉的透明度比新疆白玉高，做成的成品有半透明的感觉，有的青海白玉内部还显现白色透明的“筋”。一般来说，青海白玉佩件贴身盘玩后，很难达到像新疆白玉那种滋润、糯柔的感觉，显得“粗”、“涩”、“粳”。另外，青海白玉经常光照，容易变色。

俄罗斯白玉的质地相对新疆白玉而言，亦显粗涩，“白”而不“润”，有的会给人一种“死白”的感觉。若将新疆白玉与俄罗斯白玉放在一起比较，前者“润”而白得细腻，后者“糙”而白得无神；而且俄罗斯白玉在雕刻时容易起“性”，细工比较困难，容易崩口。经常日晒雨淋，还容易起膈、开裂和变色。

俄罗斯白玉《弥勒佛》手把件，质地细腻，通体洁白。

另外，将新疆白玉切成片状，轻轻敲击之下，发出的声音如古人所言“其声清引，绝而复起，残音远沉，徐徐方尽。”青海白玉与俄罗斯白玉发出的声音达不到这种效应，显得“沉闷”。

地质专家研究新疆和田白玉、俄罗斯白玉后，写了题为《岩石学特征研究》的报告，报告显示：①和田白玉和俄罗斯白玉的化学成分比较接近，其主要氧化物均为$SiO_2$、MgO、CaO，属透闪石系列；②两者的主要组成矿物是透闪石，但透闪石的含量略有不同，其中新疆和田白玉中的透闪石含量约为99%，俄罗斯贝加尔湖地区白玉中的透闪石含量约为95%。两者的杂质矿物含量都很少，种类大体相同，略有差异：新疆和田玉中可见榍石，贝加尔湖白玉中可见石英；③两者的主要结构虽然同为显微变晶结构，但是变晶结构的类型和所占比例有一定差异：新疆和田白玉中，毛毡状显微交织变晶结构较为常见，俄罗斯白玉中，存在着一定比例的过渡结构和中粗粒变斑晶结构以及碎裂结构，从而影响了它的品质。这是它们的主要区别。体现在外观上，新疆和田白玉的品质略优于俄罗斯贝加尔湖地区白玉；④这两个地区的白玉，构造类型和特征大体相近，

羊脂白玉仿古海棠瓶

即：块状构造和片状构造，其中块状构造较为常见。

总之，新疆白玉与青海白玉、俄罗斯白玉之间的差别，要多看实物，多比较其细微之处，用“心”去体验，才会积累经验，提高鉴别水平。

有些行家认为,俄罗斯白玉的矿床与新疆白玉的矿床属于同一个成矿类型,这两种白玉只是地域名称上的区别。其实,由于矿带分布的不同,气候的不同,差别客观存在。现在市场上流传的一些俄罗斯白玉,因为开采后长期暴露在恶劣的气候条件下,质量受到影响,这与不同环境、物质接触而产生的表面氧化(氧化铁)有明显的不同。行家们凭经验认为俄罗斯白玉泛红,而新疆白玉泛青,这仅是一种感官经验。

将新疆白玉、俄罗斯白玉和青海白玉在外观、显微结构和点光源侧向照明条件下的状况,进行对比,也可以清晰地看出它们之间所存在的差异:

| 特征 \ 品种 | | **新疆白玉** | **俄罗斯白玉** | **青海白玉** |
|---|---|---|---|---|
| 外观 | 细腻程度 | 细腻 | 比较细腻 | 一般 |
| | 透明度 | 微透明 | 微透明－不透明 | 近半透明 |
| | 油脂光泽 | 强 | 稍强 | 一般,有的呈蜡烛光泽 |
| 显微结构 | 晶形 | 以隐晶质为主,含显微片状、显微纤维状 | 以显微纤维状为主,含隐晶质、显微片状 | 叶片状、长纤维状 |
| | 晶粒 | 很小 | 小 | 大 |
| | 排列方式 | 隐晶质结构、毛毡状结构,见消光块或大片消光区 | 放射状纤维团 | 放射状,定向排列,杂乱分布 |
| 点光源侧向照明 | | 云絮状基底、带乳质感的半透明状基底 | 较粗糙的微透明基底,不透明白色物粒状镶嵌结构 | 粒状结构,均匀清澈的半透明状 |

# 三、新疆白玉与其他相似玉石的区别

这里研究的是其他白色或近似白色的玉石与新疆白玉的区别。

玉与玉石的概念不一样。在中华民族的传统观念中，玉石包括硬玉、软玉和一般玉石（如玛瑙、蛇纹石玉〈岫岩玉即是〉、独山玉、芙蓉石、青金石、绿松石、孔雀石、水晶等）。

硬玉、软玉和其他玉石，它们的质地、价值是不同的。

## （一）新疆白玉与白翡翠

### 1 翡翠与软玉的区别

白玉与翡翠作品的质感对比：油脂光泽与玻璃光泽，透明度的强与弱。

我们在本书的开头，就提到硬玉（翡翠）、软玉的概念。

——新疆白玉是软玉的一个品种。从矿物学的角度观察，中国的软玉基本上都是以透闪石$Ca_2Mg_5[Si_4O_{11}]_2(OH)_2$为主，内含阳起石等多种成分的矿物集合体。矿床是接触交代成因，

单斜晶，呈致密状产出。硬度为摩氏6.0～6.5度，密度2.95g/cm$^3$，磨光后光泽呈油脂或半油脂性，微透明或半透明，矿物学上称透闪石族，化学分子式为$Ca_2Mg_5[Si_4O_{11}]_2$（OH)$_2$，化学名称是“含水钙镁硅酸盐”。

——从矿物学的角度观察，硬玉（翡翠）是辉石类矿物为主和少量闪石类、钠长石类矿物组成的多晶、隐晶集合体的多矿物玉石，产于缅甸。硬玉矿床是岩浆成因，单斜晶，常呈致密状产出，分有皮和无皮两种；皮褐红或土黄，有“内星”现象实际上是“翠性”的表现，是区别翡翠与白玉的鉴别特征。硬度为摩氏6.5～7.0度，密度3.33g/cm$^3$，磨光后呈玻璃光泽，半透明状，断口参差可见粒状。矿物学上称“碱性辉石”，它的化学分子式为$NaAI[Si_2O_6]$，化学名称是“钠铝硅酸盐”。

翡翠的特点可以概括为五“多”：

**（1）多晶质**

它由无数小晶体组成，晶体颗粒小至0.01mm，大至2mm。

**（2）多矿物组成**

翡翠的组成中，不只是一种辉石类矿物，还有钠铬辉石、绿辉石等，以及闪石类矿物和钠长石等。

**（3）多姿多彩**

翡翠颜色丰富多彩，有绿、紫、白和黄、红、黑、灰、褐色、无色等等。这些颜色分布都不均匀，并且可以同时在一块玉上出现，这是一般软玉不具有的。

翡翠颜色还有原生色、次生色之分。

① 原生色：本体色，指白色、紫色、绿色和黑色。

② 次生色：皮色，如黄色和红色。

原生色中，绿色变化最大，浅至深、鲜到暗。但宝石级的都以绿色为多。

**（4）多种质**

翡翠作为多晶体的集合，多晶体的粗细不同、晶形不同、结合方式不同都会影响到它的透明度，结构不同使翡翠具有不同的透明度与不同粗细的质地。即使在同一块石上均可出现不同的透明度、不同的质地。加上它由多种辉石矿物组成，所以它有多种多样种质，可谓变幻无穷。

**（5）多期性**

翡翠形成并不是一次性的，从翡翠绿色与底的关系看，它是先形成“底”，后形成绿色。研究结果显示，颜色变化大，说明翡翠形成具有地质的多期性，存在互相叠加的地质现象。

## 2 新疆白玉与翡翠的鉴别

白玉与翡翠的鉴别，重点从它们在结构、光泽、颜色以及折射率、比重等方面的差异上，进行区分。有4种方法：

用翡翠雕制的《寿星》，其白色部分没有白玉那种温润、细腻的感觉。

用和田籽料雕制的《贺寿》，洁白、细腻，柔和，油性也好。

### （1）用10倍放大镜观察其内部结构。

了解组成翡翠的硬玉晶体形状，对鉴别很有帮助。翡翠作为由无数细小晶体组成的集合体，这些晶体的颗粒有粗有细，粗的肉眼易见，细的须用放大镜方才能观察到。在反射光下，用10倍放大镜观察，比较容易看到翡翠内有大大小小的片状闪光，这种像小雪片一样的反光现象，行业内称之为“苍蝇翅”、“砂星”，学术上称之为“翠性”；而且，这种反光，形状、大小都与晶粒的形状大小有直接关系。这种翠性在未抛光的原料切面上更容易观察。

翠性是翡翠所具有的特性，我们在透射光下观察抛光后的翡翠成品，会见到它镶嵌结构和晶体表面所呈矩形以及具有的两组解理，还会见到它的特别纹路（晶体互相结合的边界、颗粒的结合方式所出现的现象）和“苍蝇翅”。

白玉具有极细的毛毡状结构，即使放大几十倍观察，也见不到以上现象。

(2) 用肉眼观察其光泽与断口

光泽是玉石表面对光的反射程度。不同的玉石表现不同的光泽。所以，观察光泽也有助于分辨不同的玉石。有经验的行家，在光线照射下转动玉石观察它的反射光的强弱，翡翠主要为玻璃光泽，它的反射比白玉的油脂光泽要强。

断口是指没有抛光的玉石断开面。翡翠的断口呈现粒形参差状；白玉的断口呈现纤维参差状，显然不一样。

(3) 手感判断

这是从长期的实践中得出的经验：将翡翠放在手中，有冰凉坚硬的感觉；而白玉在手中，就觉得温和、柔润。

(4) 测试判断

——硬度测试：

硬度是指玉石抵抗外来刻划、压入的能力：翡翠的硬度为摩氏6.5～7.0度；白玉的硬度为摩氏6.0～6.5度。

这种测试方法取得的效果不明显，而且往往会刻花玉石，有一定的破坏性，所以很少采用。即使采用，一般也只是在未雕刻成品的玉石原材料上进行。

——密度测试：

我们经常见到一些专家将玉放在手中掂一掂，然后就能说出这是哪一类玉材。其实，他们采用的就是最简易的密度测试方法。因为宝玉石的密度是固定的，每种宝玉石的密度有一个变化不大的数值范围，例如，纯净的钻石是3.52g/cm$^3$；翡翠的密度在3.25～3.40g/cm$^3$的范围之间，平均为3.34g/cm$^3$，而白玉的密度为2.90～3.10g/cm$^3$。如果条件允许，我们可以自己用静水力学法或比重液法来测定它们的相对密度，根据所测数据，区分白玉和白色的翡翠就很容易了。

——折射率测试：

折射率是宝玉石对光折射的程度，每种宝玉石都具有自己的折射率。折射率的测定，最常用的方法，是使用专门的光学仪器——“折射仪”。

翡翠的折射率为：1.666～1.680±；白玉的折射率为：1.606～1.632±。

——光谱测试：

用红外线光谱仪、拉曼光谱仪以及可见光分光仪等检测工具测试，是进一步鉴别宝玉石的实验室手段，它更能提供完整、科学的数据来分别不同的玉石。

总之，翡翠与白玉较易区分，如遇全白色的翡翠，可以从质地的翠性和盐粒子性同白玉相区别。我们在本书的开头，介绍区分白玉与白翡翠的最简便的方法是用肉眼观察：白翡翠晶粒粗大，能看到解理面闪光（俗称“冬瓜囊”），一般的白玉则往往表现紊乱的纤维状，但达到区分效果很不容易，这需要多看、多实践，多请教有经验者。

## （二）新疆白玉与独山玉

### 1 独山玉的特征

独山玉表现为复杂的多种矿物组合，因产在中国河南南阳市郊独山而得名，又称“南阳玉”。

独山玉不在软玉之列，它是一种黝帘石化斜长岩，属多色玉石类；主矿物为斜长石和黝帘石，次要矿物是绿帘石、透闪石—阳起石、透辉石。质地近似白玉和翡翠所具有坚韧致密，但不如白玉、翡翠那么洁净，有的地方像白玉和翡翠，有的地方不如白玉和翡翠，显示了它的质地的复杂性。

独山玉的抗压强度为16.8kg/mm$^2$；抗拉强度1.8kg/mm$^2$；作为由多种矿物组成的多晶质集合体，它呈粒状变晶结构。微透明至不透明。断口显示粒状、参差状或锯齿状。硬度为摩氏6.0～7.0度；密度2.70～3.09g/cm$^3$；折射率1.56～1.70；玻璃光泽，抛光面具有油脂和蜡状光泽。

独山玉的颜色变化十分大，白、绿、紫、蓝、黄、黑等多种色彩相互侵染交错是独山玉的最大特点。有的以白、绿色为主；有的以灰黑、褐色为主；有的白、绿、灰、黑、褐色相杂染。这样复杂的颜色其实都是多种矿物交代替换的结果。独山玉因其颜色的丰富多彩，有“东方翡翠”之称。

### 2 新疆白玉与独山玉的鉴别

新疆白玉与独山玉的鉴别，可以通过放大镜观察、肉眼观察、手感判断和试验判断等科学检测和经验判别相结合的方法来进行，区别并不困难。独山玉的质地不均匀，它的白没有新疆白玉那么正，不明快、色调暗淡的为多数，没有新疆白玉的温柔之感，而且大多数还掺杂其他颜色。

## （三）新疆白玉与岫玉

### 1 岫玉的特征

岫玉因产于中国辽宁岫岩县而名，它的岩石学名称是蛇纹岩，主要矿物成分为蛇纹石。

岫玉是一般玉石，不属软玉范畴。

和岫玉相似的蛇纹石还有很多，例如产自广东省信宜县的绿色蛇纹石，俗称“南方玉”，从色泽上粗略观察，它很像深色的翡翠和碧玉。

岫玉，质地细腻，由微小的纤维状、叶片状晶体或隐晶集合组成，纤维长度0.05～0.10mm，属单斜晶系。有蜡状光泽，呈浅色和深色橄榄绿色，非常美观。脉状产出，呈不规则大块体。矿脉边缘可见石棉纤维或滑石，手感滑腻。半透明至微透明。岫玉主色为豆绿、黄绿色，全白色、全黄色称白岫玉、黄岫玉。除此之外，还有红、褐黄、黑等色．常有白斑，俗称“石花”。

### 2 白玉与岫玉的鉴别

以岫玉为代表的蛇纹石类玉石，硬度低，用小刀可以刻划出痕迹，而新疆白玉的硬度达到摩氏6.0～6.5度，小刀一般刻不动。岫玉与新疆白玉的比较，主要是硬度低，比重小，光泽弱，透明度高，质地不均匀以及颜色、杂质等方面的差别。

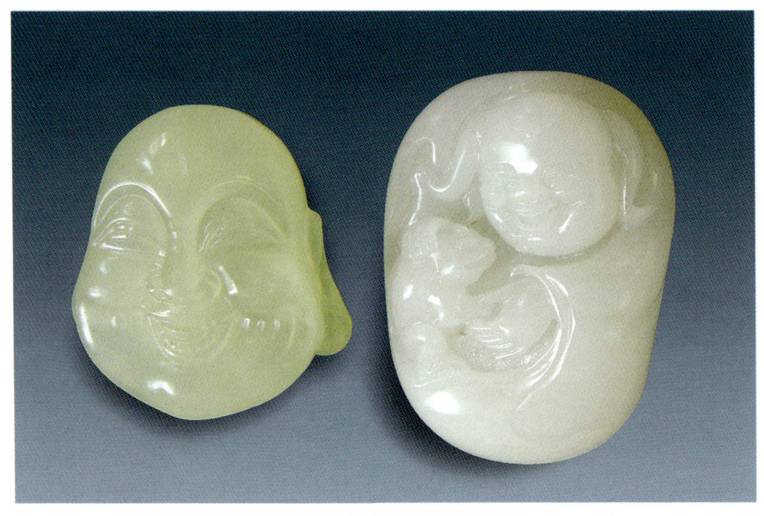

岫玉（左）与和田玉（右）

## （四）新疆白玉与密玉、东陵玉、贵州玉、晶白玉

### 1 密玉的特征

密玉又称“河南玉”，是绿石英岩玉石，因产于河南省密县而得名。主要成分为二氧化硅（$SiO_2$），并含有少量的铁锂云母。偏光显微镜下呈细晶鳞片花岗变晶结构。脉状产出，脉宽的可达1米，但一般都很窄。在已开采的河南玉矿中，产量、质量很不稳定。

密玉质地细腻均匀，似白玉。白密玉虽白，但不明快，不鲜亮；外观无杂质，韧性较好，有柔和感。玻璃光泽和半油脂光泽，抛光面有强反光。

### 2 东陵玉的特征

东陵玉属绿石英岩，含铬云母，主要成分二氧化硅（$SiO_2$）的含量占80%左右。混入成分是铬云母，鳞片状散布于石英组成的基质中，含量有多有少，一般在10%左右，有的高达18%，其他还有微量的矽线石、金红石，也可见锆石微粒。

东陵玉的石英晶粒较粗大，直径0.2～2mm，最大可达4mm，呈粒状变晶结构。在粒与粒之间渗有铬云母、矽线石、金红石等。晶粒结合紧密，外观看不到间隙，因此质地均匀。脆性，少裂纹，易打出断口，断口可见参差粒状和云母晶片。

密玉作品《硕果》

东陵玉《佛手三多》的颜色很漂亮。

云母鳞片反光强烈，是东陵玉的一大特点。颜色有绿、浅绿、暗绿、棕红，棕黄和白色。观察东陵玉薄片，其色形表现为细小丝丝状，分布均匀，有多有少，有深有浅，由此导致玉色的深浅不同。

东陵玉为脉状产出，块状。主要产地为印度，非洲、南美洲的巴西也有产出。

## 3 贵州玉的特征

贵州玉中的白色原石，质地光润，色清而常夹带异色。

贵州玉因产于贵州省（晴隆县）而名，因拥有天蓝或淡绿颜色，被业内称为“贵州翠”。其岩石学名称为铬云母石英岩。脉状产出，块状。主要化学成分二氧化硅（$SiO_2$），并含有少量的三氧化二铝（$Al_2O_3$）和结晶水（$H_2O$）。

贵州玉多有鬃眼，鬃眼内含萤石、方解石、石膏等，有龟裂纹，因此，质地均匀、呈优等质量的很少见。它是石英岩中颜色最为漂亮的一种玉料，以淡蓝、淡绿为主，而且丰富多彩。

## 4 晶白玉的特征

1960年地质学家在北京市郊区发现的一种白色石英岩，它洁白，而且质地比较细腻，称“京白玉”。这类较纯的石英岩体，脉状产出，块大。主要化学成分是二氧化硅（$SiO_2$）。后来，中国湖南等地也发现有白色石英岩，所以，学术界认为取名“晶白玉”可能更恰当一些。

晶白玉的质地呈粒状结构，晶粒越小越细腻，但特别细腻的晶白玉很难找到。晶白玉往往带有鬃眼。鬃眼是石英晶粒结构不紧密或掺有其他软质矿物的表现。鬃眼大到肉眼很容易发现，其使用价值就很小了。

晶白玉原石，洁白，但往往带有鬃眼。

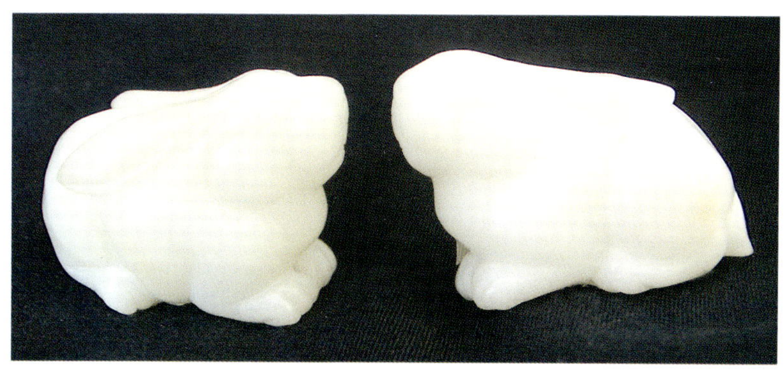

用晶白玉雕琢的一对白兔

晶白玉虽与白玉相似，但不如白玉滋润和细腻，从光泽面和硬度上可以区别。其原材料的主要产出地为北京、湖南以及河南。颜色有纯白、闪蓝、闪绿、闪灰等。

总之，石英岩类玉石与新疆白玉的鉴别，用肉眼观察，除颜色外，主要是光泽、韧性、质地等方面的差别。石英岩类玉石为玻璃光泽，性脆，常有不均匀杂质，滋润感差。

## （五）新疆白玉与碳酸盐类玉石

汉白玉、阿富汗石、意大利石、巴基斯坦石等由方解石、白云石为主组成的碳酸盐类玉石，是石灰岩或白云岩受接触变质或区域变质作用重新结晶而形成的，其实都是白色大理石。这类石材，白色、淡黄白色为多，也有灰白、紫红的。有的质地比较粗糙，肉眼能观察到砂孔；也有的比较细腻、纯净，呈半透明，颜色洁白，因此在外观上与白玉相似。

汉白玉原料

碳酸盐类玉石的硬度为摩氏3.0度，密度为2.70g/cm$^3$，折射率1.486～1.658，玻璃光泽，呈透明至不透明状。

碳酸盐类玉石的硬度低，用小钢刀可轻易刻划；其密度比新疆白玉要低，因此掂在手上的感觉会轻一些，所以比较容易鉴别。

巴基斯坦石原料

用巴基斯坦石雕制的作品《年年有余》

总之，蛇纹石玉石中的白岫玉、白色大理岩、白色石英岩与白玉颜色相似，归纳起来，重点可从以下几方面判别：

新疆白玉与白岫玉比较：可以从玉的硬度、质地均匀性、光泽等方面来区别。白岫玉硬度低，质地中有的可见水纹，油脂光泽弱。

新疆白玉与白色大理岩比较：大理岩的硬度低，其透明度和光泽等物理化学数据与新疆白玉相比，差距明显，有的还显现雪片晶花。

新疆白玉与白色石英岩比较：白色石英岩有比较明显的晶亮感，且有晶白效果，有的有砂眼，油脂感较差。

## （六）新疆白玉与白玛瑙

### 1 玛瑙的特征

玛瑙和玉髓都主要由隐晶质石英组成。无纹理且单色的谓“光玉髓”，有条带状结构的称“玛瑙”。俗话“千种玛瑙万种玉”是说它的品种很多，按纹理和层次的不同可分“带状玛瑙”“苔状玛瑙”、“珊瑚玛瑙”等；以颜色命名，红色的称“红玛瑙”，蓝色的称“蓝玛瑙”；体内有水胆的则称“水胆玛瑙。”

玛瑙，火山期后型富含二氧化硅（$SiO_2$）的碱性热液上升地表面而形成的

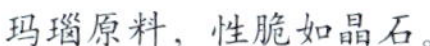

玛瑙原料，性脆如晶石。

水胆白玛瑙作品《金玉满堂》

二氧化硅隐晶质集合体，其组成以隐晶质石英为主，外观质地细腻。用显微镜观察，它的内部结构表现为细小的棉絮状体，没有解理。

玛瑙的纹理变化很大，多数呈同心圆状，亦有冰棱状的。有的玛瑙，体内中心部位不出现晶体和空洞。出现晶体和空洞的，则一定是玛瑙同心圆纹理的最内层，晶体向内心发育而形成的晶簇状态，晶面显著，无色或紫色，透明或半透明。封闭在中间的水胆（指裹着水的空洞）正是通过晶体的透明才显示出来。

玛瑙的产出有砂矿和原生矿之别。砂矿产出的呈滚圆状、卵状、核状、钟乳状，分有皮，无皮两种。有皮的呈土黄、干白、灰、褐色等。原生矿常带有围岩成分，形成皮质和皮色。

玛瑙性脆如晶石，易打出断口。断口呈贝壳状、半贝壳状。仔细观察，断口有微弱变化，特别质细的玛瑙，断口近于贝壳状；质地略粗一些的，断口微丝片痕迹，且有方向性。

玛瑙产地分布广泛。产于我国黑龙江、嫩

玛瑙原料的外皮特征

江流域的玛瑙，出自砂矿，多红色，也有无色的，质地透亮细腻，杂色较少，外表皮层呈红色或透白色。产于辽宁省凌源原生矿中的玛瑙，以红、白两色居多，常见孔洞中有紫晶簇和水。产于辽宁阜新地区的，多是有不透明表皮的玛瑙、黑花玛瑙、紫玛瑙、藻草玛瑙，红色、白色较多，质地大多细腻均匀。内蒙古自治区的玛瑙以白色较多，多为同心圆中部出现孔洞，有的有水胆。广西壮族自治区出产的玛瑙，水胆多，外皮厚。宁夏回族自治区的玛瑙泛粉色。雨花台的玛瑙则呈卵状，块小且有缠丝。

玛瑙原料的贝壳状断口，玻璃光泽，抛光面有强反光。

国外玛瑙产地也多，印度历来是优质红玛瑙的产出地；巴西的玛瑙产量丰富，且多水胆，块体也大。乌拉圭、俄罗斯、美国等也都有玛瑙产出。

### 2 新疆白玉与白玛瑙的鉴别

玛瑙在质地、颜色、断口、脆韧性、透明度、光泽、比重以及折射率等方面，与新疆白玉都存在着明显的区别，用肉眼观察和手感判断法也不难识辨。

## （七）新疆白玉与芙蓉玉

芙蓉玉因色如芙蓉花的艳粉色，故名。矿物学名为蔷薇石英、玫瑰石英等，雕刻行业则称其为“祥南”。

芙蓉玉为含二氧化硅（$SiO_2$）结晶体的矿物原石，质地如水晶，属晶石性质，呈聚晶体状态，见不到如水晶的晶体外形，性脆，断口似贝壳状，无明显杂质混入，只有不透明的白色石英呈直线伸入内部，不均衡的将大块体分割，称为“白箭道”。白箭道有粗有细，如筋脉延伸。芙蓉玉裂纹多，无解理。

芙蓉玉产于富含石英的伟晶岩体的膨胀核心部位（称“石英核”），玻璃光泽，抛光面晶亮；含金红石纤维包裹体的，如切割方向正确，可见较弱的六射星光效应。呈粉红色的，色越艳越好；还有呈紫红色的。白色则是箭道颜色。优质芙蓉玉少裂纹、少杂质、少白线，无杂色，多产于巴西、马达加斯加。有六射星光的芙蓉玉，主要产于巴西。

芙蓉玉原石：质地如水晶，性脆，半透明，颜色以粉红色为主。此为白芙蓉玉。

用白芙蓉玉雕琢的作品，往往透出少许粉红。

附表：

## 白玉与其他相似玉石、

| 名称 | 化学成分 | 矿物组成 | 结构、构造特征 |
|---|---|---|---|
| 白玉 | $Ca_2(Mg,Fe)_5\ Si_8O_{22}(OH)_2$ | 透闪石为主 | 纤维交织结构(毛毡结构)矿物颗粒极细，常为微晶质、隐晶质。质地细腻。 |
| 青玉 | $Ca_2(Mg,Fe)_5\ Si_8O_{22}(OH)_2$ | 透闪石为主 | 纤维交织结构(毛毡结构) |
| 碧玉 | $Ca_2(Mg,Fe)_5\ Si_8O_{22}(OH)_2$ | 透闪石为主，含阳起石磁铁矿，白云石等。 | 纤维交织结构 |
| 黄玉 | $Ca_2(Mg,Fe)_5\ Si_8O_{22}(OH)_2$ | 透闪石为主 | 纤维交织结构(毛毡结构)，矿物颗粒极细小，微密。 |
| 河磨玉 | $Ca_2(Mg,Fe)_5\ Si_8O_{22}(OH)_2$ | 透闪石为主，可含少量磷灰石、方解石、石英蛇纹石等。 | 纤维交织结构 |
| 翡翠 | $NaAlSi_2O_6$，含 Cr、Fe、Mn、V、Ti 等 | 硬玉、钠铬辉石、绿辉石。 | 纤维交织结构、粒状纤维交织结构，与软玉比粒度较粗。 |
| 岫玉 | $(Mg,Fe,Ni)_3\ Si_2O_5(OH)_4$ | 蛇纹石为主，可含绿泥石，方解石等。 | 叶片状、纤维状交织结构 |
| 密玉 | $SiO_2$，含 Fe、Mn、Ti、V 等微量元素 | 石英为主，可含少量的锂云母。 | 粒状变晶结构 |
| 东陵玉 | $SiO_2$，含 Fe、Mn、Ti 等微量元素 | 石英为主，可含少量的锂云母、蓝线石、铬云母等。 | 粒状鳞片状变晶结构，可见砂金石效应。 |
| 贵州玉 | $SiO_2$，含 Fe、Mn、Ti 等微量元素 | 石英为主，可含少量的铬云母。 | 粒状鳞片状变晶结构 |
| 晶白玉 | $SiO_2$，含 Fe、Mn、Ti 等微量元素 | 石英为主，可含少量的白云母，绢云母。 | 粒状变晶结构 |
| 芙蓉玉 | $SiO_2$，含 Mn、Ti 等微量元素 | 石英 | 单晶块状 |
| 玉髓 玛瑙 | $SiO_2$，含 Fe、Al、Ca、Ti Mn 等 | 隐晶质石英 | 隐晶质结构，玛瑙具环带状构造。 |
| 独山玉 | 常含 $SiO_2$、$Al_2O_3$、CaO 成分不稳定 | 斜长石、黝帘石、铬云母等。 | 粒状变晶结构，质地较粗。 |
| 大理岩 | $CaCO_8$，常含 Mg、Fe、Mn、Co | 以方解石为主，可含白云石、蛇纹石等。 | 粒状变晶结构，纤维状变晶结构，可见条带状构造。 |
| 玻璃(料器) | 成分不稳定，主要含 $SiO_2$、CaO、NaO 等 | | 非晶质体．内部经常含有球形及椭圆形气泡。表面常见麻点及凹坑。 |

# 材的物理化学性质比较表

| 主要颜色 | 光泽 | 透明度 | 折射率 | 摩氏硬度 | 密度 $g/cm^3$ | 韧性 | 断口 | 主要产地 |
|---|---|---|---|---|---|---|---|---|
| 白、青白 | 油脂 | 半透明－微透明 | 1.60–1.61 | 6.0–6.5 | 2.95 | 韧 | 参差状 | 中国新疆、青海，俄罗斯 |
| 青－深青 | 油脂 | 半透明－不透明 | 1.60–1.61 | 6.0–6.5 | 2.95 | 韧 | 参差状 | 中国新疆 |
| 绿、灰绿、暗绿、黄绿等 | 油脂 | 半透明－不透明 | 1.60–1.61 | 6.0–6.5 | 2.95 | 韧 | 参差状 | 中国、加拿大、俄罗斯 |
| 深黄－黄－淡黄 | 油脂 | 微透明 | 1.60–1.61 | 6.0–6.5 | 2.95 | 韧 | 参差状 | 中国新疆 |
| 青、白、淡黄、绿、黑 | 油脂 | 微透明 | 1.60–1.61 | 6.0–6.5 | 2.90 | 韧 | 参差状 | 中国辽宁岫岩 |
| 绿、白、紫、黄、黑、红 | 玻璃 | 半透明－微透明 | 1.65–1.67 | 6.5–7.0 | 3.33 | 韧 | 参差状 | 缅甸 |
| 豆绿、黄绿等 | 蜡状、玻璃光泽 | 半透明－微透明 | 1.56–1.57 | 2.5–6.0 | 2.57 | 韧 | 参差状 | 中国辽宁岫岩 |
| 绿、棕红、白 | 玻璃、半油脂 | 微透明 | 1.54–1.55 | 7.0 | 2.64–2.71 | 韧 | 参差状 | 中国河南 |
| 绿、白、黄、紫 | 玻璃 | 微透明－不透明 | 1.54–1.55 | 7.0 | 2.64–2.71 | 脆 | 参差状 | 印度、巴西、非洲 |
| 天蓝、淡绿等 | 玻璃 | 微透明－不透明 | 1.54–1.55 | 7.0 | 2.64–2.71 | 脆 | 参差状 | 中国贵州 |
| 白 | 玻璃、半油脂 | 微透明－不透明 | 1.54–1.55 | 7.0 | 2.64–2.71 | 脆 | 参差状 | 中国北京、湖南、河南 |
| 粉红色 | 玻璃 | 半透明 | 1.54–1.55 | 7.0 | 2.64–2.71 | 脆 | 贝壳状 | 巴西、马达加斯加 |
| 红、白等多色 | 玻璃 | 透明－微透明 | 1.53–1.54 | 6.5–7.0 | 2.60–2.65 | 脆 | 贝壳状 | 中国东北三省、印度、巴西 |
| 白、绿等多色 | 玻璃、油脂 | 半透明－微透明 | 1.56–1.70 | 6.0–7.0 | 2.70–3.09 | 韧 | 参差状 | 中国河南南阳 |
| 白、淡黄 | 玻璃 | 透明－不透明 | 1.48–1.65 | 3.0 | 2.70 | 脆 | 参差状 | 美国、墨西哥、巴基斯坦、中国 |
| 白、乳白及各种颜色 | 玻璃 | 透明－微透明 | 1.47–1.70 | 5.0–6.0 | 2.20–4.30随化学成分而变 | 脆 | 贝壳 | |

# 四、白玉作伪

白玉市场的繁荣、白玉收藏市场的不断升温，伴随而出的是白玉材料以及工艺成品中以假充真、以次充好现象的蔓延。其中，以白东陵石冒充白玉，用白色大理岩（即汉白玉）冒充白玉，拿白玻璃（料器）当作白玉销售，这些现象在市场上屡见不鲜，收藏者上当受骗的事件经常发生。兹列举如下：

## （一）人造籽料

新疆白玉籽料由于长期受河水冲刷、浸润，取天之灵气、地之精华，其精光内蕴、细腻无瑕，体态滋润、晶凝如脂。这种质感和光泽是其他白玉所不及的。

人造籽料，通常做假的方法是：把山料玉或其他相似玉石甚至大理石等切割打磨成形同籽玉的外形，但由于天然籽玉表皮在河流中经水冲、砂磨，既润泽又到处充满像皮肤毛孔一样的细小砂眼，形成的是凹凸不平的麻皮坑，并且外形

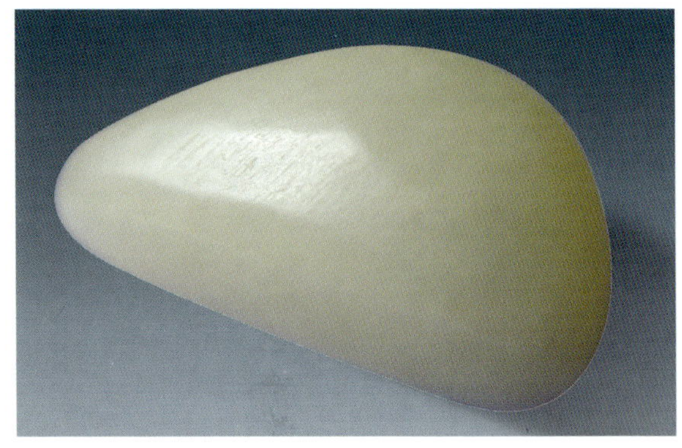

人工磨成的“籽玉”，磨制后仍留有痕迹 —— 棱角，而且其表面表现也不自然。

这件山子雕是将新疆山料玉先人工磨成籽料的外形，表皮上的颜色也是人工烧制的。

弧线非常自然，而人工的假籽玉必然会留下生硬的痕迹。

除了假的新疆白玉籽料，市场上现在还出现了做假的新疆白玉戈壁滩料和山流水料。

## （二）人工皮色

色皮指籽玉外表带有黄褐色或其他色泽的一层很薄的皮（约厚1mm），系氧化所致。这种次生的色皮都是大自然的天然造化，千姿百态，可以说无一相同。有的朵云状，有的弧线状，有的散点状等，而且有各种不同的颜色，漂亮的红色、桂花金黄色更属稀少。这种带皮色的籽料，价格其实要比不带皮的籽料价格高出许多。

这件青海白玉山子雕，深色乃人工处理的皮色。

市场上既有做假的籽玉在招摇撞骗，当然就有造假皮色籽玉到处诱惑消费者。“带皮色的玉璞等于籽玉”原本是经验之谈，现在却被造假者利用，作为欺诈的手段——有些是假籽玉做色皮，也有的却是真籽玉做色皮，那是由于有些籽玉的原料质地、颜色不够好，利用假色皮掩饰本来面目以提高身价。

一般做假色皮的方法是对玉料加温（高温）烧热，而后放入深色的颜料等化学染剂中浸泡，使其浸入变色。当前，皮色作伪伎俩（前面已作介绍），有用染色剂化学染色和植物染色的。做假的皮色一般给人的感觉是颜色生硬、不活、不自然；由于运用高温，原材料表面所产生的裂纹中吃进的颜色也不自然，同那些受大自然熏陶和氧化而形成的天然皮色相比完全不一样。人工处理假皮色的方法有很多，所以需要我们非常仔细地去识别。

## （三）材料作伪

材料作伪是指将非软玉的白玉石或其他石料，通过种种做假的手法冒充新疆白玉，以获得暴利。由于新疆白玉的市场价位日益高涨，而资源日趋枯竭，市场上就出现了以独山玉、岫玉、密玉、晶白玉之类的玉石，甚至将青玉石（阿富汗石）、汉白玉做假，冒充新疆白玉，更有甚者竟以玻璃（业内称料器）来冒充白玉。

本书在前面一个章节，已对各种玉石的特征以及它们与新疆白玉的区别，逐一介绍。我们应该多接触实物，“眼观”、“手摸”、“耳听”，多长一点心眼，多向行家请教，因为他们有长期积累的丰富的实践经验，这样在玉器收藏过程中，我们就可以少走弯路，少上当受骗。

此“仿白玉双耳瓶”，料器制作而成。

这件作品《鹅》也是以料器（玻璃）冒充白玉

冒充白玉的料器（玻璃），有强烈的玻璃光泽。

料器充当白玉的雕件《玉佛》

# ·玉雕工艺篇·

## 一、白玉原材料的运用

### （一）玉料材质的构成及其利弊

真正好的新疆白玉如脂如膏，润美无比，最为贵重的有三个要素，即；润白的色泽、适宜的透明度和纯细的质地。遇到这种料，要特别珍惜，充分利用。然而，在天然玉料中，纯粹为质地细腻、颜色均匀、明快，无绺裂和瑕疵的，毕竟少之又少，一般都会有某些方面的缺陷，有些材质比较滋润，有些有性，也有的绺裂和瑕疵比较多，用这种玉料制作成品，就一定要分析它的利弊。绺裂和瑕疵，可以认为是它的弊端所在，但这并不是绝对的，有的瑕疵在艺术作品中被运用为一种色彩或纹饰，倒像是神来之笔，巧夺天工。有的绺裂，顺其自然，也可以掩饰或扬长避短；有些镶金嵌银的玉器，诸如

白玉错金嵌宝石《南瓜盒》的玉质细白，油脂佳，嵌宝技术也精湛，所以交相辉映。

《花好月圆》用润白、细腻的和田籽玉雕琢而成，画面的层次前后分明，所以空间感很强。

《红楼梦》里贾宝玉颈脖系挂的金玉锁，往往就这样达到了珠联璧合、富丽堂皇的艺术效果。

**俏色**

俏色是玉雕工艺制作时形成的术语，指玉的基本颜色与小面积的其他颜色，在制作艺术形象时所形成的关系，或与其他颜色的斑点；与残留的色皮在制作艺术形象时所形成的关系，例如：白熊猫与它头顶上的黑耳朵、黑眼睛；美女与她手上的红色花朵；山子与山中的一片墨绿树林，等等。那个黑耳朵黑眼睛、红色花朵、墨绿树林就是恰到好处地利用玉料上的其他天然颜色、斑点、斑块或皮色雕琢而成。它能生动体现艺术大师们巧夺天工的表现手法，提高作品的观赏价值。

这两张图片反映的是白玉俏雕《唐宫秋月》的正背面形象，刻画细腻、生动、出神入化，堪称绝品，是扬派玉雕的代表作。国家级玉雕艺术大师汪德海创作。

## （二）“物尽其材”说切割

任何玉器的制作，都有一个工序流程，即：选料→坯料切割→坯料设计→工艺设计→出坯雕刻→细工雕刻→精细修饰→抛光。按照工艺流程分类，也可将玉雕工艺分为：原材料处理工艺、设计工艺、雕刻工艺、抛光工艺和装潢工艺。

原材料处理工艺就是对玉石材料进行综合分析，或按质量分档，或按需要将大块分割成若干小块。

切割玉料，不仅要考虑玉料上的绺裂、瑕疵和杂质的分布状况，还要考虑产品造型特点。大的断绺和不能使用的杂质、瑕疵，要先切割。有时玉料绺裂较深，或杂色、杂质深入玉料的内层，应当一层一层的剥料，直至将料“摸清”为止。

一块玉料可以做几件产品的话，只有在料质“摸清”后进行设计，才能将玉料切割开来。

套料，也属于料的分割工序。“套料”就是将其块料中心部分取出，再做他用。例如，制作一件炉瓶，或玉尊、玉鼎、玉觚，从膛中套取的膛蕊料，就可用来制作其他玉件作品，也可以用来制作手镯等。

有小绺和含有石质的玉料，不一定都要去净，可考虑制作仿古玉器。经过能工巧匠的巧妙构思和独

新疆山料原石

去外皮整型

雕《大千佛国图》前，先在原石上设计画稿

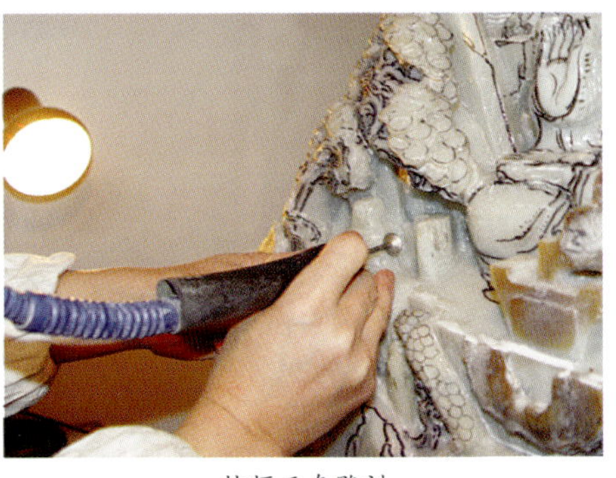

技师正在雕刻

局部雕琢

作品在雕刻制作的过程中

到的雕刻技艺，完全可以做出古玉的风貌。

当前的白玉籽料可用“一两籽玉，十两金”来形容其名贵，因此物尽其材尤其重要。

## 1 优料精用

一块色好形好的新疆和田玉，不加雕饰或稍加雕饰，配个高档底座，就是一件难得的艺术品，极具收藏价值。但这毕竟是少数。优质白玉，本身的价值就高，业内专家有言：“得一块昂贵的羊脂玉，不动刀不亏，一动刀就亏”，说明谨慎构思确实很重要；雕琢施艺时应该慎之又慎，不轻易动刀，以免留下遗憾。

玉雕《节节高》随羊脂白玉的自然形态而作，施浅浮雕工艺，损料于是就少；而且又善于利用其漂亮的皮色，真是尽善尽美。

优质原料如何精用，继承、创新仍然是永恒的主题。先辈们经过千百年的锤炼，留下了丰富的玉文化遗产，是我们取之不尽、用之不竭的学习源泉。以青铜器造型为主的各类炉、瓶、薰以及壶、盒、杯、碗、洗，还有传统的仕女、仙、佛、孩童和花卉、鸟兽等艺术形象，都值得我们借鉴。如：北方的三足香炉，两侧置环，显得浑厚、质朴；南方的三足香炉，除了两环，盖子上还有三环，有“一盘龙、二吞头、三脚炉、四面素、五圈齐、横竖相等正方形”的严谨工艺要求，以突出“圆润、稳重”的海派特点，充分体现出两种不同的流派和地方风格，这些都是先人们经过不断的创作实践，琢磨总结出来的。我们应该在不失传统的基础上，重于创新，多出新意，赋予作品以时代感。随着科技的发展，雕刻工具的改革，我们完全有条件拓宽创作思路，做到“人无我有，人有我新，人新我奇，人奇我绝”。如荣获国家“珍品奖”的当代作品——一对《百寿如意》，如意长44．5厘米，宽12．3厘米，采用镂空雕的工艺技法；如意的背面同时采用炉瓶薄胎的工艺，器壁厚薄匀称。每只如意都刻有一百个不雷同的“寿”字，字字相连，笔笔不断。这对《百寿如意》，每只仅七两重，既有浓厚的书卷气息，又有精致入微的雕琢所产生的神奇细丽的韵味。白玉《内链双瓶》，连体

《百寿如意》一对

白玉《内链双瓶》

双瓶内贯以一根内链，以连接双盖，工艺技巧精妙绝伦，尤其是内链设计大小、长短精确，真可谓巧夺天工。在全国玉雕质量评比会上，有同行提出疑问，怀疑内链是否后续的。其实不然，那确实是一个整体！内链构思的独到，雕琢的艰险，其艺术魅力及经济价值得到了最大限度地提高。

## 2 次料利用

新疆和田籽玉中，切割下来的次料有各种质地、各种档次的，也应该加以运用，不能浪费日渐稀少的宝贵资源。20世纪70年代，扬州玉雕挖掘、恢复了失传近二百年的山子雕工艺，他们既借鉴于明、清两代山子雕的风格，又从外形雕延伸到内雕以及内外雕的结合上，立意创新。山子雕工艺属于那种保留玉石天然美的外形基础上，由外而内分层次地雕琢山水、树木花鸟、亭台楼阁和众多人物形象的复杂的综合创作，作品最终表现为一件立体的书画长卷。这种创作赋予故事内容和诗情画意，显露文人气质，往往给人以儒雅、古朴之感。工

和田籽玉《山居》，将玉质中油脂、密度好的部位留住，布局合理，细部刻画一丝不苟，人物形象逼真、传神。

艺技法上，则采用圆雕、浮雕、镂空雕相结合，层次清楚，构图完整。山子雕工艺的恢复和发展，为新疆白玉以及其他玉种的广泛运用提供了广阔的空间。它更能广泛地利用有绺、有裂、有僵块的玉料，以景和物以及层次的展示达到去脏饰绺的目的，进而将作品的艺术生命力表现得更淋漓尽致、更耐人寻味。中国工艺美术大师顾永骏1995年创作的重达约2000斤的山子《汉柏图》，原料有僵块，多绺裂，经过大师的巧妙构思，原材料的质地与价值得到充分展现。这件作品以艺术形象再现汉代四棵“青、奇、古、怪”的柏树：正面一棵苍劲古柏，似一老寿星俯视大千世界；近旁一棵柏树的枝干，弯曲似游龙；背面一棵古柏直插云霄，充满生机，另一棵为侧拐状，似桥梁，可以行人。作品中，古刹、老树和正在观赏的游人互为陪衬，交相辉映，有独特的魅力，艺术品位很高，其经济价值由此成倍地提升。

青玉《汉柏图》，中国工艺美术大师顾永骏创作。

白玉《三星对弈图》

## 3 小料大用

小料能大用，靠的是因材施艺、巧妙构思，这样的作品能使人们从视觉上或情感上引发出充实而有变化的想象空间。小料大用、因材施艺有三个要点：一是设计时考虑能立着用的尽量立着用，“立则显大，卧则显小”，业内有“宁立勿卧”的经验之谈，这是一般规律；二是在突出主体的前提下，配上链条，以此将作品空间延伸放大，此种技巧称“链子连接效应”；三是玉器的组合，20世纪60年代老艺人们发明的“套碗”技术，在一块玉料中套出若干块料，组合成各类熏、炉和塔、盒等。

白玉《三星对弈图》，以《西游记》中“三星对弈”的故事为创作题材，料重不足一千克，构图简练，人物形象传神，细部刻划精细入微。艺术大师还利用新疆白玉天然红皮刻“对弈图”几个字，起到画龙点睛的作用，非常醒目。整件作品耐看而回味无穷，不失为“小玉件、大天地”。历史上，类似的作品也有不少，这些都倾注创作者的大量心血，明代的子冈牌应该是小料大用的经典品种。

## 4 玉色和色形的取舍

根据产品造型和玉的质量分别对待。如果白玉质量特别好，要多照顾白玉的质色，皮色做俏不要多；如果白玉质量差，如白玉的色泽不够白时，可多用些皮色，以增加皮色的效果。籽料带有红皮、乌鸦皮、秋梨皮等皮色的，都是巧用时的上等俏色，应很好保留。

白玉上的石和绺应尽量去净，但有时也可作为俏色，应用得好则可增强其艺术效果。

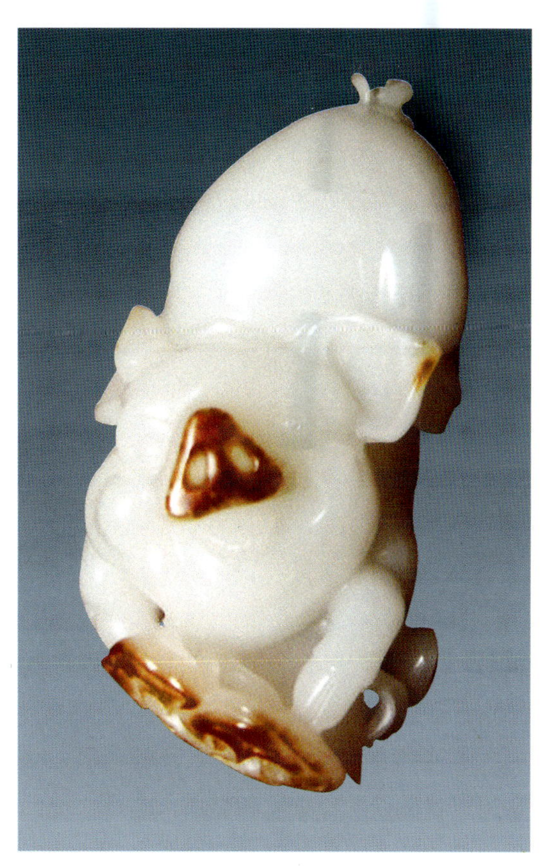

和田籽玉《福猪》的质地润白，油性好，造型生动有趣，皮色巧用独到。沈水富创作。

和田青花籽玉的山子雕《听溪》，细腻，油脂感强。大片斑斓皮色的俏雕出神入化，刻画的场景犹如世外桃园。

## （三）玉色的扬长避短与牵强附会

玉色的运用是玉雕设计工艺中一种独特的技巧。因为玉的色彩很丰富，运用恰当，可以大大提高其观赏艺术价值。但用得恰到好处却不容易。用得好，出精品，甚至出绝品；用的不到位，反倒弄巧成拙。这与设计者、制作者的阅历、见识、智慧、想象能力，以及驾驭雕刻技艺的水平密切相关。

白玉《官帽》堪称绝品。那是利用一块半面有红皮而另半面已分化断裂的和田籽料做成的，分化断裂的那一面，充斥褐黑色的浆斑，可以说是块谁也看不中的“废料”，充其量也只能制作普通的仿古件而已。工艺大师在设计中突发奇想，发现有红皮的那面形状很像清皇宫的“官帽”。于是，把带褐黑色的浆斑

和田籽玉俏色作品《五子登科》细腻、油性好，虽白度不够，但俏色巧雕却妙趣横生。

糖白玉《观音山》将原料中的糖色部分留下，精心设计勾画，用以衬托洁白的观音，色彩的过渡非常自然。

部分全部掏掉，利用红皮浅刻龙的纹样图案，结果，外形、色彩、大小都酷似一顶“官帽”，令人拍案称绝。

白玉俏雕《春蚕》

籽料的皮色和带有糖色、黑色或其他杂色的玉料，是可以利用来作俏色工艺品的。一般来说，白玉的玉色运用原则是以白为主、以纯净为好。不符合题材内容的杂色、脏色，原则上不提倡使用；白玉中有黑色的分为聚墨和点墨两种，聚墨即聚集在一起的墨色，呈斑块状，可用于俏色；点墨即散点状，一般不太好利用。

# 二、玉器造型设计要素

## (一) 工艺设计的“二要三少”原则

造型美、工艺美、材质美，这是玉器赢得人们喜欢的先决条件。玉器制作前的艺术构思和工艺设计，都必须围绕这三个“美”，缜密考虑、精心设计。工艺设计又不同于艺术构思，它由制作者来表达，是设计的“勾样”的具体化，他要在把握作品题材的特定内容和表现形式、特点的前提下，达到“造型美、工艺美、材质美”，难度很大，风险也大。玉雕行业根据前人积累的经验教训，我们把它概括为“二要

这两件和田籽玉作品《罗汉》都细而洁白，外形圆润，手感好。

三少”的工艺设计原则：

“二要”

（1）**要重视白玉材料的洁白和润美；**

（2）**要凸现白玉作品的圆润感，造型简洁不触手。**

本书在前一章节谈到，白玉原材料的切割与运用都是要服从于作品的完美表现，充分发挥玉料的潜力，力求作品达到比较完美的境界，而不是作品降低标准去迎合次劣的原材料。工艺设计首先强调的作品洁白与润美，就建筑在原材料选择的基础上，而造型面的圆润，既是对原材料的要求，不能因为原材料的缺陷而导致作品艺术形象的不丰满、不完整，导致作品造型面的不自然的凹凸与坎坷，同时也不允许在工艺的具体操作上造成这方面的失误。

“三少”

（1）**少支离破碎；**

（2）**少穿枝过梗；**

（3）**少玲珑剔透。**

白玉工艺品从总体上讲，都应该体现出它的独特的个性，这种个性可以把白玉的那种体如凝脂、温润而泽和精光内蕴的沉稳品质，通过艺术形象表现出来，使艺术形象的美与材质的美融为一体。新疆白玉是一种珍贵材质，容不得半点的浪费。因此，在工艺设计时往往运用体积的艺术语言，把玉雕造型概括为几个体积块面的组合，把握各种形象的特征，用尽可能少的体积来概括玉雕造型的各个部位及动势，然后才慢工细活雕琢。这里提到的少支离破碎和少穿枝过

新疆白玉巧雕《蝴蝶菊花瓶》，稀世珍品。

这件和田籽玉作品《春舟》，结构紧凑，设计精致，皮色运用恰到好处，由此塑造出一个完整的艺术形象。作品凸现出白玉圆润、浑厚的本质。国家级玉雕大师吴德昇创作。

梗、一般艺术作品诸如书画、摄影等，也有这方面的要求，那就是整体结构的完整以及不容许败笔的出现。玲珑剔透，一直是人们形容其艺术作品精致、玉雕作品的精雕细刻达到登峰造极程度的用词，然而，用于白玉作品的描述，却是一个败笔。因为白玉作品如果过于剔透、细挑，适得其反，容易丧失白玉本身的气质和圆润。

因此，白玉作品要达到造型美、工艺美和材质美这“三美”，就必须使作品凸显“圆润”和“洁白”，并重视天然皮色的俏色运用，以增强其艺术效果。

## （二）雕刻技艺的施展

作品的工艺美是通过各种雕刻技艺的运作才表现出来的。玉器的雕刻技艺主要有：

**1** **线雕：**一般指以阴线或阳线作为造型手段的纹样雕刻，介乎雕刻与绘画之间。所刻、所雕的点与线条，应该出神入化地将字或画的美感和魅力表现出来。

**2** **圆雕：**指不附着在任何背景上、适于多角度欣赏的、完全立体的雕刻。包括头像、半身像、群像以及动植物等类型的造型。圆雕的构思有两种情况：

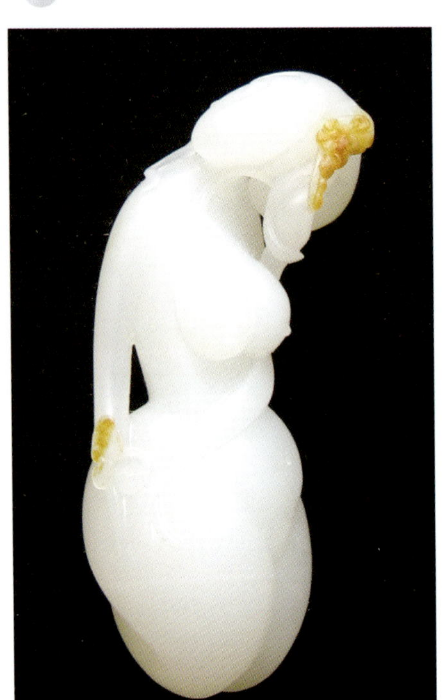

这件和田白玉《少女》，所用玉料细结白润，雕琢的线条柔和，并巧用皮色，作品创作由此更臻完美，是海派雕刻的又一件经典作品。

翡翠《观音瓶》的质地晶莹、细洁，整体造型均衡，完美。

一是“因势造型”，即根据玉料的自然形态、肌理所蕴含的美感，进行创造性的构思；另一种情况是先有构思，然后选用适当的玉料。

**3 半圆雕：**指使用圆雕技法，刻成所要表现的主要部分，舍弃次要部分，形成一半是圆雕的艺术形象，而另一半，有的仍是原石块或原器物，也有

这是青玉作品《壶》的一侧，浮雕的花草纹很有动感。

用图案、景物、平面等不同手段作衬底的。这种形式的制作比圆雕方便，并且可以与浮雕结合组成一个画面，因而在玉雕、石窟摩崖及数千年来的古铜器等艺术品中，常和各种浮雕与线刻装饰纹样互相配合，同时出现，具有很高的艺术水平。

**4 浮雕：**指在平面上雕出凸起的形象，是在平面上表现立体层次的一种雕刻技艺。依照表面凸出厚度的不同，可分为“高浮雕”、“浅浮雕”。我国原始社会器物上的线刻装饰，也属于浮雕范围，商周至战国的玉雕及青铜器上都广泛使用它作为装饰与表达思想意识及信仰。

玉器浮雕的构思多取画稿的形式。所以，一件浮雕作品，首先要看它凸起的形象有没有艺术效果，线条流畅与否；其次应该注意形象下面的地——“地子”是否深浅一致，是否在同一水平面上。在人的视点和浮雕面的关系上，优秀的作品往往能达到非常巧妙的艺术透视效果 。

**5 浮雕层次：**指把实物立体形象压缩成浮雕时，处理由浮雕底层到浮雕面之间的复杂起伏关系，并将其归纳成若干不同

青玉仿古《铜镜》的浮雕纹饰，显得浑厚刚韧，颇具古韵。

作品《日夜兼程》通过浮雕、圆雕的交互运用，使场景的刻画分成几个深浅不一的层面、空间，玉质细腻、油脂感强，雕工细致。

深度的水平层次，亦即使浮雕画面上人及物重叠若干次。使之适应光线，造成观者错觉，产生浮雕形象的浮起和获得空间感。

白玉《香薰》的镂雕精细入微

**6 透雕：**一般是指将底板镂空的浮雕，即：将形象之间不表达具体内容的那部分剔除（镂空），这样，可从正面透过镂空处看到浮雕背面的景物。透雕分单面雕、双面雕。在业内，单面雕又被称之为“拉花”。

透雕与浮雕的区别在于透雕可以正反两面看，而浮雕只能从一个面去欣赏。双面雕两面的内容不尽相同，透雕的作品一般都有边框，所以，业内人士称之为“镂空花板”。

**7 镂雕：**这是吸收线雕、圆雕、浮雕和绘画的优点，融会贯通而形成的一种独特的雕刻艺术。有“立体镂雕”（圆雕式）、“平面镂雕”（浮雕式）之分。

冰种翡翠《年年有余》，质地晶莹、透亮，镂雕层次分明，线条飞动，作品显得欢快亮丽。

“平面镂雕”是一般的镂雕，作品有一定的厚度，刻画的形象层层叠叠，交错穿插。这种表现形式在玉雕中，被称之为“花下压花”，元代的玉牌“春水玉”就是一个典型例子。

“立体镂雕”是在圆雕基础上的多维空间表现手法，在艺术形式上则以镂空刻画取胜。

# 三、白玉作品制作工艺的检视

检视制作工艺，实际上是对作品题材的特定内容、对作品表现形式上的特点的把握。中国玉雕有几千年经验的积累，这种“把握”其实早就化为具体制作时必须采用的一些制式和规范要求，最终要落实到：看作品形态表现得准确与否，看技艺操作到位与否。

制作工艺的检视要点有以下五个方面：

## （一）玉雕造型的动势与平稳

检视是否准确无误地表现出玉雕造型的空间位置以及造型各部分的大致造型和扭转方向，因为任何造型艺术的整体或局部都应该表现它的动势；这牵涉到作品最终能否体现生动性的问题。

当然，作品光有动势还不够，还必须能摆平放稳，否则，无论器皿、人物动物形象、山子，放在平台上就东倒西

新疆青玉《螭龙瓶》的造型，活泼中更显稳重。

歪、前倾后仰，不成体统。

玉雕工艺为达到这个目标，将这方面的内容归为“坯工”范畴，形成了一整套的规范要求，如“见面留棱、以方代圆、打虚留实、留料备漏、先浅后深、颈短肩高”等等。目前市场上出现的伪劣产品，造型的动势与平稳均差强人意，那都是无规范制作造成的。

玉雕的造型，使其动势与平稳处理恰当，是要有扎实艺术功底的。有些由于受玉材形状、大小的限制，作品很有艺术感染力，但处理平稳，则借助于配套装潢工艺中的红木座垫来弥补玉材的缺陷，那是不得已而为之的办法。

## （二）作品结构的衔接与层次

造型艺术作品一般都有若干的块面或局部所组成，如人物形象，有头部、身躯、四肢以及发帽、衣裤、鞋袜等组成，这些块面或局部都是相互联系而形成统一整体的。检视时要注意它们之间的前后、上下、内外的层次关系是否明

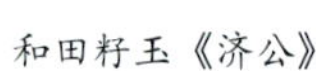

和田籽玉《济公》

和田籽玉《盼》，吴德昇创作

这两个人物艺术形象的姿态生动，主要是从衣纹皱褶的动势中体现的；变动的皱褶线条形断而意不断。

确，衔接或过渡是否交代清楚。例如人物的衣纹，从它一开始出现，到它逐渐消失，有的曲折回旋；有的成为流畅的弧状；有的一端带钩；常常与相对方向来的另一条衣纹相呼应，表面看起来它们没有衔接，但实际上是形断意不断，共同表达一个皱折关系。艺术作品是真实生活、真实事物的集中反映，我们完全可以根据自己的生活经验去检视作品的成败得失。

## （三）浮雕、圆雕的交互运用与地子

浮雕多运用于扁平的佩饰和挂牌，这里强调的则是一些在圆雕中无法表现的题材，通过浮雕得到了充分和完美的表现，例如圆雕作品中的环境（风景）、

和田籽料白玉《无事牌》

带皮和田籽玉圆牌

内容，等等。因此，玉雕作品中，圆雕与浮雕交互运用的效果，也是作品检视的一项重要内容。

浮雕在圆雕作品中的运用，多表现为深浮雕而产生的人物山水景象，业内人士称之为“小立体雕”——玉器“山子”是这方面的典型。

小立体雕的层次较多，有近景、中景、远景之分。检视时，要注意位于近景上的形象，其最高点必须与料面相平；同时，不允许大面积的形象都位于中景或远景的位置上。如果做不到这两点，就会出现“塌面”的问题，如果出现大面积的“塌面”，这件产品就算失败了。另外，人物形象和静物都应该立足于地（业内称这个地为“地子”），小立体雕的作品中，地一般是朝斜上方倾斜，人

和田籽玉山子雕《罗汉》的构图完美，人物形象刻画生动。

物也都是有点向前倾斜；在这种必须“前倾的姿势”中不仅要保持好正常的姿势，而且还要在视觉上使人们感到舒服。

山子多表现山水人物题材，原材料多用籽料，也可用带有石、有绺的山料。制作前，先按玉料的形状、绺裂进行构思，力求除去瑕疵，充分利用玉材中玉质好的地方，达到掩其绺裂，顺其色泽，料质、颜色、造型能浑然一体的创作目的。在雕刻中，采用小立体雕的工艺方法，或浅雕，或深雕，使山水树木、飞禽走兽、亭桥人物等形象构成远景近景的交替变化，形成“丈山尺树、寸马分人”的造型特点。

山子雕刻工艺技巧大大提高了白玉的利用率，是一种很好的表现方式。

## （四）构造器皿的掏膛与薄胎

玉雕器皿都要掏膛。一些带盖的玉雕器皿在器盖外型做完、子口确定好之后，就要进入掏膛工序。

一般的做法是待器（瓶）身、器（瓶）盖的外型确定之后，才开始打钻掏膛逐渐掏空，其技术要求是膛壁厚薄均匀，不宜太厚，厚了显得笨重，厚薄要恰到好处。一般来说，外部的造型形状要与内部膛壁基本相同。掏膛用掏陀逐渐砂磨的原理，因此做一件器皿是很费料的；现在还想不出什么办法能把内芯作为一块完整的玉料取出来，传统的做法是用“砂钻掏膛”的办法，钻膛取芯，将膛芯的管状玉料取出。制作器皿一般多用山料玉。用籽料制作炉瓶器皿，不仅相对而言比较困难而且代价大。因此，用籽料制作的炉瓶器皿类作品，价格往往十分昂贵。

玉雕器皿中，有一种白玉鼻烟壶，口小肚大，膛掏薄以后莹薄如纸，能在水上漂浮。这种薄胎雕刻工艺，业内便称其为“水上漂”。它不仅运用于鼻烟壶的制作，还扩展到其他器皿的制作过程中，近代痕都斯坦玉器的制作，有的也采用这种工艺。因为这种工艺可以产生一些意想不到的工艺效果：

①因胎薄可以使质感很沉重的玉变得轻盈灵巧；

②可以使青或灰色白玉减退青色而返白；

③可以透光反映玉质的均匀美；

④可以体现精致绝妙的工艺魅力。

制作薄胎玉器不考虑优质的白玉，而多用青、灰色白玉，对它的技术要求是

痕都斯坦薄胎壶的特点是细薄精致。所用新疆山料，白度本来不够，采用“水上漂”薄胎细工工艺后，才显得透白一些，造型也秀雅规正。

白玉鼻烟壶

痕都斯坦嵌花大罐

①胎壁薄厚一致，薄到什么程度则依玉质、玉色和造型而定；
②掏内膛不能留死角；
③器外的刻花点缀要与器具的轻盈特色相符，和谐一致。

**砂钻掏膛**

砂钻掏膛是打钻技艺中一种方法。打钻的另一种方法是“钻眼”，是把玉料钻透成孔，一般来说，其直径比较细小。

砂钻掏膛的工艺方法是：先根据炉瓶器皿的子口直径，选择与其匹配尺寸的钻管工具，然后打钻到所需深度，抽出钻管，用铁制的“冲子”顶住钻芯的一侧边缘，用小铁锤沿着钻芯边缘四周来回轻轻敲击“冲子”，把钻芯根部震断，取出钻芯。若钻一个直径较粗而深度较浅的膛子时，可在钻芯上套着打一小的钻孔，也可以打两个或更多的钻孔，以能冲击震断钻芯为标准。

如果钻芯无综合使用价值，可采用打排孔的办法，将膛芯余料取出，这样安全可靠。

砂钻掏膛工艺是为了充分保留膛内的玉料，提高玉料的利用率。膛内掏出的玉料，有些直径尺寸和玉料材质符合要求的，可制作手镯，也可以制作独立的摆设把玩件。有些大型的器皿作品，如大香炉、薰炉等，掏出的玉料还可以用在其本身的作品上，这就是充分利用玉料，“小料大做”的套料技术。

砂钻掏膛工艺技术性很高，处理不当往往会发生事故，造成“终身”遗憾。

## （五）压丝嵌宝与雕刻

在杯、碗、壶、盘等白玉产品上压金银丝、镶嵌红蓝宝石，是利用玉的韧性而发展起来的一种传统工艺技术。它起始于清代乾隆年间的“西番玉”。

“西番玉”受新疆贵族每年进贡的“痕都斯坦玉器”影响，仿琢而成。

“痕都斯坦”是清代朝廷对当时蒙兀儿帝国的一种称呼。蒙兀儿帝国位于现今克什米尔地区及南巴基斯坦一带，举国信奉伊斯兰教，那里琢制的玉器主要是碗、盘、杯之类的实用器物，而且都用纯色的白玉或青白玉雕琢，大部分采用新疆和田玉——他们追求纯净之美；所作玉器的装饰也很有特点，部分器壁上嵌饰金银细丝及红绿蓝等各色宝石或玻璃，绚丽多姿，因此具有浓厚的伊斯兰风格。“痕都斯坦玉器”的真正含义，也就相当于英文的“伊斯兰玉器”。“痕都斯坦玉器”进贡到朝廷，乾隆皇帝十分欣赏，授意宫廷造办处仿制，并融入中国的文化印记，品种也由碗、盘、杯之类的生活用具，延伸到包括瓶、罐、刀具、文房用品在内的许多器具，这些带有创新内容的仿品美轮美奂，史称“西番玉”。清代“西番玉”的制作大本营在宫廷造办处，但苏州等地也有仿制，所以能一直流传至今。

白玉错金嵌宝西番壶，国家级玉雕艺术大师马进贵创作。

墨碧玉错银嵌宝西番壶，国家级玉雕艺术大师马进贵创作。

压丝嵌宝技术是先在玉器作品上勾槽，然后把金银丝用小锤敲入槽内组成图案，使金银丝与玉显现在一个平面上，产生金玉银玉图纹交错的效果，因此也称金银错工艺。这种工艺要求精致、秀雅，要求图案线条流畅，粗细一致，开槽必须准确，镶嵌必须平正，并且无对丝接头，难度很大。

一般来说，浅色白玉以压金丝为醒目，深色白玉可以压金丝，也可以压银丝。由金丝、银丝组成的各种图案再嵌上宝石，更高雅华美。

## （六）产品精细修饰与抛光

白玉在玉石种类中韧性最好、抗弯折的强度最大，因此在雕刻过程中施以细工不会损坏产品。例如有链子的产品，玉链的大小、形状，不受材料脆性的影响；炉瓶器皿的阳刻花纹表现能达到地平如镜、线条流畅的境界；所有玉器都可以做到棱角利落，花纹勾面准确，布局疏密，相互关系协调适度的程度。因此作品的制作，最后还必须在均衡中求变化，在完整中求细工，力求尽善尽美。

精细修饰属于产品的最后的修饰，主要解决以前加工时遗留下来的各种不足之处。如人物的面部表情、头发、眼睛、嘴，花卉产品的花蕊、叶筋，等等。

羊脂白玉《罗汉》的细部抛光也很周到，是当代珍品。

如果形象刻画都完毕，还必须抛光。

作为对玉雕工艺品加工的最终作业，抛光是恢复软玉原来光泽、颜色和色调，而产生奇妙装饰效果的必不可少的手段。抛光由去糙、罩亮、清洗、过蜡和擦拭等环节组成。每个环节都有严格的规范要求，一环套一环，也来不得半点马虎。

仿青铜器白玉觥，光洁如面。

白玉作品有两种光洁度。一种是高亮，称“亮度”，这是一般玉雕工艺品如炉瓶器皿等摆件要求的传统抛光亮度。采用的抛光方法要借助于机械的转轮，用几十道不同粗细的细金刚砂泥，最后用竹制、皮制的专用工具加上抛光粉打磨出光亮，用这种方法抛光出来的光亮具有较高的亮度，有反光般的感觉；另一种是“乌亮”，即手工用砂石磨细后的光洁度，它没有罩亮就过腊，作用在于反映古玉特点和凸现白玉的油润感，以前用于仿古玉器的光亮工艺比较多，当前应用于白玉，尤其是把玩佩件上，这种抛光出的光亮，又称“亚光”，有磨砂、吸光的感觉，以凸现白玉的油脂、温润的特征。

抛光的基本要求是：(1) 去除粗糙，使玉面平顺。玉面不平顺就不能反映玉的润美，侧光下观察不能见到“水波浪”现象；(2) 抛光中要压性。玉性压不下去，不但影响玉润，还有可能出现坑洼不平的现象；(3) 抛光工序要为作品造型和内容服务。

选用抛光的方法有时分别选用，有时也会同时结合使用，如人物雕刻作品，头部、手、脚等使用乌亮抛光法，而衣服及其他部分用高亮抛光法等。

# 下编

# 评析与营运

# 一、白玉成品评价的原则

对新疆白玉的评判，其实早在清代就有了明确的记载，清代陈性《玉纪》曰：软玉“惟和田、叶尔羌所出为最。其玉体如凝脂，精光内蕴，质厚温润，脉理坚密，声音洪亮。产水底有名子儿玉，为上；产山上者为宝盖玉，次之。”陈性所指的“子儿玉”，即现今新疆籽玉，所指的“宝盖玉”即山料玉。

这里我们要谈论的是如何评价白玉艺术作品，介绍一些方法。

## （一）一目三看法

对白玉成品优劣的鉴别，业内有“一目三看”之说，即:根据平时积累的知识、经验，凭一双眼睛，着重看质地、看颜色、看雕工，从这三个方面进行认真的考察：

### 1 看质地

这是白玉成品鉴别的最主要内容。什么叫质地好?就是陈性《玉纪》中所言：“体如凝脂，精光内蕴，质厚温润，脉理坚密”。一块好的白玉，给你的感觉首先就应该像一块“凝脂”，像羊脂、像猪油，油油的，糯糯的，酥酥的。白玉与翡翠不同，翡翠要求鲜明光亮，光泽外射，而白玉则要求“精光内蕴”，光泽蕴含在里面，就像一个人，气质内在而不外露。由于“体如凝脂”和“精光

玉雕艺人都很珍惜上好的籽料白玉，这件羊脂白玉《卧马》就是随形而作，用工不多，但刻画入木三分，达到很好的艺术效果。

内蕴”，所以又使人觉得它“质厚温润”。这个“温润”是我们形容白玉用得最普遍的两个字，很重要；所谓“温润如玉”，玉往往成为“温润”的代名词。“温”和“润”都是一种感觉，白玉刚贴在脸上是冷冷的，但接下来的感觉很温和；“凝脂”当然有“润”的感觉，而不是干。“脉理坚密”是指它的质地结构坚实细密，反映在感性的认识上，一是外观很细腻，二是坚硬不吃刀。一块白玉，如果符合陈性《玉纪》中所说的这四个标准便是好玉，反之便是劣质玉。

白玉籽料《绵羊》，质地细腻温润。

## 2 看颜色

一般来说，在质地相同或相近的情况下，白玉中以白色为贵，但颜色对于

这件精彩纷呈的《九鹤遐龄天然瓶》，它的难能可贵在于玉料的皮色运用，俏色巧雕，作品由此亮丽增辉。

白玉的重要程度，不及对翡翠来得那么突出，翡翠颜色相差一点，价值就是差别几万元甚至几十万元；白玉则主要看质地，除非是羊脂白玉，一般颜色相差少许不会有那么大影响。但不管怎么说，颜色终究是鉴别白玉优劣的标准之一，即便都是白色，也要看白的程度和纯度，白中闪青或白中带灰，都会影响到玉的价值；白的不滋润，俗称“死白”，同样也影响它的价值。

这件山子雕的玉质细腻，但透光太强，白度欠佳，应该是用青海白玉雕制的。

## 3 看雕工

白玉玉器的评价与翡翠工艺品的评价重点是不一样的，翡翠工艺品主要看它的“种、色”，它的雕工相对降到了次要地位；而“玉不琢不成器”，雕工作为评价白玉器件的核心内容，其重要性有时要超过“色”。

对雕工的考察，主要从三个方面去看：

### 一看工的新旧

由于白玉开采使用历史非常悠久，在中国，不同时代的玉器，做工也不同——纹饰不同，造型也不会相同，由此就可以判断做工的新旧，从而推断出作品的制作年代。玉器的年代越久，它所蕴藏的历史文化内涵也越珍贵，珍贵的程度往往会超过玉器本身的价值。一般情况下，在时代、玉质相同的前提下，有工的价值肯定要超过素面的很多，例如同是汉代玉器，有工的兽纹璧就要比素璧价值高。但是，人类早期曾崇尚过“大器不琢”的素面玉器，这种古玉的价值更高，也应该引起重视。

作品《爱犬》用白玉雕琢而成，我们从狗身上的黑斑可以认定它是一件古玉。这种黑斑很自然，是一种“沁色”，称“黑漆古”，与本书所讲的黑皮完全是两码事。

### 二看工的内容

雕工是一个时代审美理想、艺术趣味和工艺水平的体现，它不仅可见出工艺师的才能与智慧，而且可以看到他们为之付出的辛勤劳动。凡是有创意，艺术张力强劲，或内容独特，讨口彩，为喜庆吉祥

白玉《千里马》反映骏马的仰天嘯吼，形象逼真，栩栩如生。国家级雕刻艺术大师吴德昇创作。

图案的，价值就高。

三看工的精细程度

做工越是精细，所下功夫也越深，越费时费力，价值自然也越高。

除了质地、颜色、雕工三个要素外，玉器尺寸的大小、品相的好坏也是评判白玉成品价值高低的标准。一般来说，在质地、颜色、雕工相同的前提下，尺寸大的总是比尺寸小的价值高；品相好、完整无缺的总是比品相差、有残缺的价值高。有些玉器，玉质雕工相当不错，但有绺裂，或有残缺，未免让人感到遗憾。残缺部位虽然可以通过雕工掩饰，但行家一眼便能看出。尺寸大小很容易判断，品相好坏要仔细鉴别，因为它往往被巧妙的雕刻掩饰掉，这需要多学习多看多实践。

这件链条葫芦瓶，链、瓶、葫芦及枝叶连成一体，每个部件都精雕细琢，一丝不苟，栩栩如生，并且有俏色巧雕，体现出艺术大师们的精湛手艺。

## （二）评价三原则

人们常说“黄金有价玉无价”。其实，玉并非真的无价，而是说给它定价比较困难。因为白玉材料千变万化，雕刻工艺复杂而个性化，缺少现成、可循的评估规律，建立完整、系统的价格标准体系也确实比较困难。而且，民族习俗造成的“玉缘”影响，以及白玉长期以来被赋予的众多文化内涵，有浓重的道德、礼仪或宗教色彩，包括丰富多彩的情感因素，这些都很难用价格来量化。

对艺术品的评价，分析艺术品自身的特点是最基本的。因此，到目前为止，对白玉工艺品的评价，除了古玉器需要考证作品产生的年代之外，评价的主要内容是它的“料”“工”和“艺”，应该围绕“玉石材料”、“雕刻工艺”和“艺术水平”这三大板块逐项论证，检视玉石材料是否完善利用；雕刻技能的演绎是否精湛；独到的艺术张力如何展现，等等，最终才得出结论。因此，业内对玉器评价的三原则是：**玉石材料的完善利用、雕刻技能的精湛演绎、艺术神韵的巧妙传递**。

## （三）各类玉雕工艺作品的鉴赏要点

### 1 玉雕炉瓶器皿：

中国玉雕炉瓶器皿主要借鉴夏、商、周三代青铜器中的炉、薰、鼎、豆、盘、匜、爵的造型，以及沿袭远古时期一些古拙的石器、彩陶形状，稍作变化而来。这些器皿，原件均系先民们用来祭祀天、地、东西南北中各方神灵，吉祥含义厚重。

青玉《提梁卣》是玉雕仿青铜器的经典之作

我们鉴赏、评价的主要内容是它的制作工艺，重点在器身、器盖和器表装饰上。

炉瓶器皿的制作，主要运用圆雕、浮雕、镂空雕等不同的装饰技艺，浮雕中又辅之以扎实的阴刻、阳刻、线刻等工艺技巧。

炉瓶器皿从造型到纹饰，应该显示它的完整性，“规矩、对称、端庄”是炉瓶器皿最显著的特点。通过“打钻掏膛”、“取链活环”、“制口雕刻”、“提梁活动”

以及拼镶装饰等特殊雕刻工艺的完美处理，炉瓶器皿的工艺美学效应才能得以充分显示。

我们应该注重炉瓶器皿的规范性的表征，在赏析、鉴定时，除了留意前面提及的“制作工艺检视”中指出的几个方面，还必须考察以下一些具体内容：

(1) 玉雕器皿造型的各个部位的比例是否恰当，同时考察它的对称性、协调性以及色彩均匀性，以此品味炉瓶器皿的端庄、严谨、典雅与否。

(2) 炉瓶器皿的器身和器盖应该从同一块玉料中取出，这样可以做到器盖和器身的玉料在色调、肌理上的一致，避免器盖、器身的“鸳鸯”颜色差异，形成炉瓶特有的品格。

同时，必须考察器皿的盖与制口是否“严紧合缝”，器皿的制口是否有“冲口”现象。“冲口”是指母口和子口的边沿有否裂绺、缺口等缺陷，这也是玉雕炉瓶器皿制作严谨与否的重要评价要素。

青玉《仿古瓶》的造型光洁如画，再配以青铜器式的盖顶、耳环，很高雅。

海派《三足香炉》强调整体造型的对称，注重艺术形象的端庄、典雅。朱立群绘

### 器皿的制口

制口是器皿的盖和器身相接触的部位，有母口、子口之别：位于器身上的制口称为“母口”；而位于器盖上的制口称为“子口”，母子口合缝紧密是炉瓶器皿的主要技术标准。

海派《香炉》盖与盘龙的表现

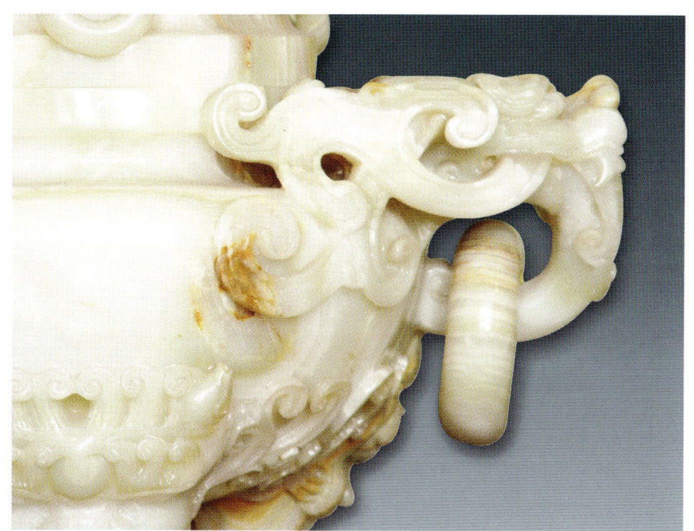

海派《香炉》吞头与圈的表现

(3) 器皿的肩耳和器底、炉腿的装饰工艺是否协调。玉雕器皿的肩耳一般有两种：一种位于器皿肩侧部位，可以称之为“吞头”，带有活环，呈对称状；另一种位于器皿的颈部两侧，可以称之为“颈耳”，一般不带活环。带有活环的，要鉴别其大小、粗细的均匀与协调。

(4) 炉腿上的兽头一般为浮雕形象。炉腿的雕刻工艺以及器皿的圈足工艺一般容易忽略，也应仔细鉴别。

(5) 掏膛技术运用是否周到。业内专家认为，膛子掏得好与不好，直接体现玉雕技师的技艺高低，因此，真正合格的炉瓶器皿，它的器壁应该厚薄均匀得当，膛内不留“死角”。同时，还应该了解：不同的白玉材质对器皿的膛壁厚薄要求并不相同，并不都是膛壁越薄越好；有些白玉润白，则膛壁要稍厚些，以

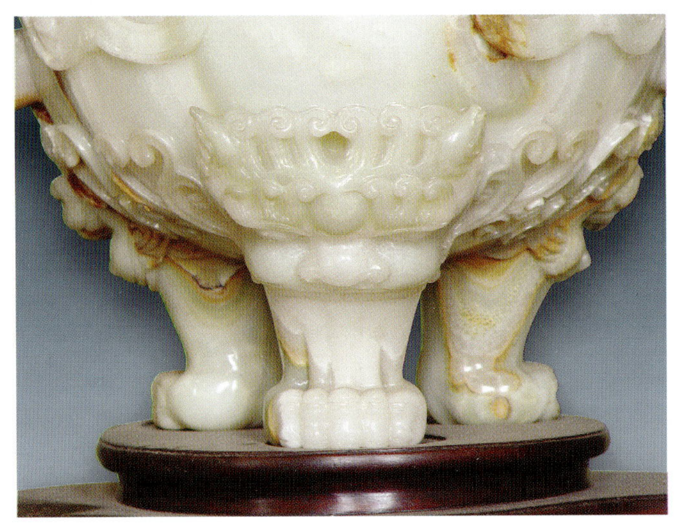

海派《香炉》的脚部表现

青海白玉《链条瓶》的雕工精致纤巧

凸现白玉的优质质地，具厚重温润感；材质呈现灰色、青色的，则膛壁越薄越好，以凸现材质的白度，并尽可展现其工艺的精湛。

(6) 有链、环或提梁的器皿，传统工艺要求它是在同一块玉材上取用、雕刻，而不是几块不同材料雕琢后的拼接。链、环的鉴别重点是仔细察看每节链、环有无裂绺，每节链、每个环是否大小一致、形状一致；它与主件之间的比例是否恰当。环以圆形为主，链子一般以长方圆形为多，也有其他形状的。如果是长链子的话，还要检查是否顺畅，有无“打结”现象。有提梁柄的，则要求对称、规矩，活动自如。

（7）器皿表面的细刻、精细加工部分，要看其工艺是否细腻、平整。它所表现的纹饰一般以对称为主，有阳刻、阴刻等工艺处理方法。合格、上乘的器皿，它的底子处在同一水平面线上，是非常平整的，纹饰的线条流畅，层次清楚并且规矩板实，端庄中具有动感。

这件仿青铜器青玉扁瓶，面纹精雕细刻，色饰互衬，更显富贵华美。

### 海派三脚香炉的工艺要求

海派玉雕“三脚香炉”的制作，要求作品既对称又具动感、既稳重又不失灵巧。因此，除了在取材上要求炉身、炉盖必须取于同块玉料之外，工艺上还必须做到“一盘龙、二吞头、三脚炉、四面素、五圈齐、整体正方”：

“一盘龙”是指盘绕在炉盖上的吉祥物，如龙、狮的造型生动、活泼；

“二吞头”指炉体两旁的“吞头”（北方称“炉耳”），表现为两个口衔两圈环的变形兽头，规矩、对称；

“三脚炉”指香炉的三足孔武有力，呈鼎立状；炉足上的浮雕兽头（业内有称“脑色”），与炉身、炉腿的过渡和谐；脚爪刻划清晰；

“四面素”指炉身的四周以素面不刻花为主流，以保持玉料的纯净、平整；

“五圈齐”是指炉耳——吞头的二大圈环和炉盖小吞头上的三小圈环都圆顺，并且一个不缺；

“整体正方”指香炉的高度、宽度相等，整体造型匀称、稳重，具有“权力”象征的气势。

一件看似简单的三脚香炉，由于制作时充分调动圆雕、浅浮雕、深浮雕、阴阳细刻、镂空雕等所有雕刻技艺，同时又运用活链环、打钻掏膛、制口等技术手段，作品不仅精致、端庄，各个部位的衔接严、紧、顺畅，而且整体形象既沉稳又有灵气，由此充分体现海派玉雕的大气与细腻的完美融合。

## 2 玉雕人物

玉雕人物形象多采用圆雕工艺。鉴赏时应该注意的是人物身体的比例关系，以及面相、眼神、身段和衣褶线条的刻画。

面相、眼神应该逼真，有感染力。

人物身体的比例关系，业内有“站七坐五盘三”的传统口诀，即人物站立的高度为7个头的长度，坐立的高度为5个头的长度，盘腿坐的高度为3个头的长度。在这个基本比例关系下，根据人物的不同身份和创作主题的需要，还应该有适当的夸张或变形。古代作品中所谓“文胸、武肚、美女腰”，就是指：文官的表现，应该夸张他的胸部，以示其韬略；武将应该缩肩凸肚，表现其威猛；美女溜肩细腰，才能显出她的婀娜妩媚。而老人，弓背更能显其老态龙钟；弥勒佛的五短——“头短、手短、脚短、手指短、脚趾短”，则反映其风趣乐观的形象。

衣褶线条的刻画，是表现着装人物的重要内容，最起码的应该做到衣不伤骨，即：衣纹的刻画不能侵入到人的肌肤之内。衣褶线条的表现，“虚实相生、动静相生、繁简得宜”是必须遵循的原则。

同时，看作品中人物衣纹的安排，还应该与所表现的人物个性结合起来，如弥勒佛的性格乐观风趣，其衣纹就应该柔软圆滑，像行云流水；观音菩萨气度浑厚，其衣纹线条简约、沉稳，静中寓动；而像屈原，他的性格倔强正直，衣纹应该挺括有力、奔放流畅。在圆雕作品中，人物形象的衣褶线条刻画，最能体现匠师的艺术功力。

玉雕人物形象一般可分为仕女、老人、佛像和童子等四种类型。这四种类型的雕刻技法和所表现的风格应该各不相同，因此在鉴赏和评价这几类作品时也应当各有侧重。

· 玉雕仕女 ·

表现古代女性形象，包括飞天、嫦娥等传说中仙女，往往突出靓女的顾盼有致。从仕女裙褶飘逸、笑不露齿、步不露足的身形姿势中，我们可以读出这些形象所表达的“艺术语言”，以此领略她的仪容风采和内心意向。这类作品外在姿态的刻画有内涵，艺术张力含蓄典雅，应该是很耐看的。

· 玉雕名人 ·

表现传统文化中知名的男性形象，不局限于老人，还包括帝王、神仙、罗汉、天王、武将、渔翁和文人学士等。鉴赏重点是

用新疆山流水玉雕琢而成的仕女形象顾盼有致，栩栩如生，是海派雕刻的经典作品。

看它能否体现作品人物的气质与个性。

· 佛像 ·

表现佛陀、菩萨形象。这类作品应该突出人物的“端庄、稳重”，考察作品主要看它能否运用厚重的面积和流畅的线条，表现出清静、肃穆的佛教气氛，同时又能运用纤巧的线条衬托柔和的面容，把作品的静与动和谐地反映出来。

· 童子 ·

表现儿童少年的喜庆欢乐形象。鉴赏的重点是作品的动感互应：童子满脸稚气，眼神在举手投足之际的表现，是否形成一气呵成那种整体感，这是能否把少年儿童天真与活泼生动反映出来的关键，如果形神分离，作品就往往是失败了。在童子的头部尺寸和身体的比例上作适当夸张，也要以能否增强作品的艺术效果为前提。

糖白玉《老来福》

和田籽玉山子雕《观音菩萨》的人物形象端庄、慈祥，佛教场境的清净与肃穆也刻画细腻周到。

这件新疆籽料作品《童子》，皮色好，俏色运用十分讨巧，因此生动有趣。

## 3 玉雕花鸟走兽

### (1) 花卉

玉雕花卉以写实表现手法为主，又常与飞禽草虫为伍，作为瓶器、山子的陪衬形象出现，因此它的表现题材比较广泛。

珊瑚《梅花插瓶》，海派经典代表作品。

玉雕花卉作品讲究章法、布局，花瓣安排应错落有致，翻瓣、花蕾、花朵等的刻画处理要有动势，花卉整体造型丰满、玲珑而有生机。鉴赏它的工艺水平，要看它能否恰当地运用“露”、“藏”的辩证关系，体现匠师的艺术创作灵气，并注重枝梗的肌理效果，以及适度、合理的“穿枝过梗”而显示花卉旺盛的生命力。

### (2) 飞禽鸟类

玉雕鸟类作品描写的对象，除自然界中存在的飞禽鸟类（如孔雀、仙鹤、鸡、鸭、喜鹊、鹭鸶等），还包括目前自然界中尚不存在的吉祥鸟类（如凤凰等）。这类作品的鉴赏、评价重点应放在灵巧和富有动感上，注重鸟类的动态美和鸟头、嘴、翅膀以及腿爪的刻画；鸟在飞翔、跳跃、鸣叫、饮食、洗浴、理羽、剔尾等动态状况下，要看它的头、翅、尾、腿足的配合，尤其是头部、嘴、舌以及翅膀（小翼羽、中翼羽、大翼羽、飞羽）和爪在各自的动态位置的细部刻画，一般要求做到张嘴、悬舌和透爪，翅羽勾画也必须干净利落。

**玉雕《螳螂与白菜》**
古人常用谐音来寓意寄情。用上好的白玉雕出这棵栩栩如生的大白菜，也是借“菜”喻“财”。菜上雕刻的螳螂，显得生动有趣。

天然水晶《仙鹤》的造型设计很独特，形象完美而耐看。它的抛光因为同时运用“高亮”和“乌亮”技巧，更增强了作品的观赏性。

和田籽玉俏色把玩件《冠(官)上加冠(官)》

比例准确、特征明显、传神呼应是鸟类作品的评价关键所在。

### (3) 走兽类

玉雕走兽类作品反映的对象，除了自然界中存在的兽类动物，如虎、狮、马、鹿、羊等，还有神话中的兽类动物，如龙、麒麟、辟邪等。

这类作品有写实的表现方法，也有写意的表现方法，根据作品的内容和风格而有所选择。走兽类的作品鉴赏，应该抓住动物身体各个部位的比例和它所营造的各种气势，以及衬托气势的细部刻画。

玉雕兽类作品有单件、对件、套件和群雕之分。套件中常见的有5件／套、8件／套，例如独角兽，按不同的规格尺寸，有5件／套、8件／套的；“八骏马”则8件成套。玉马的制作，习惯上不以5件成套，也忌讳4件成套。

体形刻画的准确、生动传神而富有气势，是走兽类作品的评价关键所在。

俄罗斯糖白玉《龙纽印章》

新疆青花玉俏色雕作品《猴》中，灵猴手中所棒竹子为天然的黑色，因此其艺术魅力大增。

新疆糖白玉《三羊开泰》

新疆白玉《五羊》，刻画得生动活泼，是海派玉雕的代表性作品。陈平创作。

## 4 玉雕花卉瓶

玉雕花卉瓶是玉雕花卉与瓶相组合的典型表现形式。鉴定玉雕花卉瓶与鉴定炉瓶器皿类作品的要求相似，侧重点在花卉与瓶体的组合是否相协调，主题是否突出，枝干与花朵、叶子之间的来龙去脉是否合理、是否交代清楚，枝梗与瓶身相“吃”是否伤入瓶体，瓶盖上的花、叶、枝梗与瓶体上的花、叶、枝梗是否连贯，以及表现风吹动花卉、花叶时，它们朝向是否一致，等等。(请同时参见本书第122、130、132、149、157、163页插图)

瓶体和花草鸟兽等陪衬物的关系协调自然、构图完美、布局得当以及瓶身主体规矩美观，雕刻细腻和生动，是花卉瓶作品鉴赏评价关键所在。

花卉瓶的制口、瓶体鉴定，可参照炉瓶器皿的鉴赏要点及技术要求。

白玉链条葫芦瓶

## 5 玉雕山子

山子雕多用籽玉材料。籽料中有的存在石性和绺裂，山子雕造型就在于利用籽料光滑的卵状外形，选择保留玉质好的地方，运用传统雕刻技艺表现人物、楼亭山水、花草飞禽，并“集聚”于山坡或崖窟，推凿也可深可浅，由此造就一个比较完整的令人神往的艺术场景。它是雕刻中能使玉料获得最高利用率的艺术创作技巧和表现方法。（请同时参见本书第41、115、118、119、123、126、133、150、162、183页插图）

山子雕的工艺技术，继承了玉雕中的浮雕、圆雕、镂空雕等传统技法，并得以发展，如浮雕技术中则将浅浮雕、深浮雕、阴刻、阳刻、线刻等多种技艺相结合，在构图设计上运用国画的写意、线描的写实以及建筑透视技巧，使作品层次清楚，章法合理。

山子雕刻的鉴赏要点，一是在光线照射下观其作品的层次是否清楚；二是亭台楼阁建筑物是否成一平面线，是否符合透视的一般规律，以达到和谐的视觉效果；三是看作品的细部刻画是否细腻、生动，主题是否突出；四是用料上是否去脏遮绺以及俏色、皮色的合理运用等等。

翡翠山子雕《仙境童叟》

## 6 玉雕子冈牌

子冈牌，顾名思义是按明代雕刻大家陆子冈的作品形状而创制的一种浮雕玉牌。陆子冈以精湛的浮雕工艺创作长方形玉牌，将书法、绘画尽收在方寸大小的天地中，可佩可挂可把玩，风格独特，当时就被众多收藏爱好者所追捧。清代以来乃至当今所产子冈牌多系仿制，常用尺寸为50 × 60 × 9mm³、40 × 60 × 8mm³，30 × 50 × 7mm³，也有一些特殊规格的，这些没有特别的规定。

和田玉饕餮纹饰牌

玉雕子冈牌的鉴赏要点是观察玉牌的地子是否平整，各个层次的雕刻形象是否在相同的水平面上；以及摹刻的诗句、铭言正确与否，书法韵味的得与失。利用侧光可以比较容易勘察它的艺术表现效果以及工艺的精细与粗疏。玉雕子冈牌抛光打磨等也是重要的鉴赏内容，因为，外观的平整与光洁是它之所以产生巨大魅力的不可或缺的重要因素。

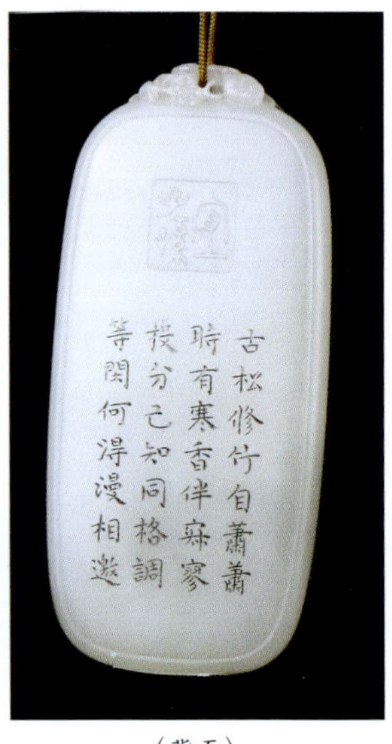


（正面）　　（背面）

当代白玉子冈牌精品，易少勇大师创作。

## 二、白玉的商贸及营运

玉雕是一个非常专业的艺术领域，它的规模小，从业人员无论古代、现代，从全国范围的统计看，充其量不过几万人。新中国成立以来，约二十个省市级的玉器生产骨干厂家中，直接进行创作的艺匠仅几千人。玉雕业在封建时代主要服务于帝王权贵和富商有钱人家，后来才逐渐面向大众。因此，作为纯工艺品的玉器，无论原料、成品，它的数量在过去、在今天都显少，是远远落后于作为日常生活用品和文化用品的瓷器、宣纸；从一般瓷器和书画中脱颖而出的陶瓷、书画艺术作品，因而比玉器具有更广泛的社会基础与影响。正因为如此，中国玉料的商贸及营运在以往很少有人知道。最近十多年来，中国玉文化的进一步弘扬，盛世中享用玉器的人猛增，当前和田白玉矿源又几近竭尽，有关白玉的商贸及营运的神秘的幕纱才被撩开。

在白玉玉料中，新疆和田白玉的开采已有八千多年的历史，其产量最高，质地最佳，流传最广，身价也最高。比起青海白玉和俄罗斯白玉，它还有一个优势，即新疆和田白玉的开采在历史上都留下丰富的文字记载，因而我们也藉此有幸了解到有关白玉商贸、营运的真实情况。

历史上，新疆和田玉开采的矿床有20多处。从夏、商、周到清末约4000年间，据文字记载，产量总计9968万吨，平均年产量约2.5吨。新中国成立后，国家在叶城、和田、于田、且末等地组织开采，使产量大增。从20世纪50年代至90年代中期，40年共开采9459吨，接近于古代4000年开采量的总和。此后，新疆玉的年产量约150吨。现在由于矿源剧减，据最近的新闻媒体报道，和田白玉的年产量仅1吨。

新疆白玉的开发利用，在漫长的历史长河中，经历了从生产工具到装饰品的发展过程，到后来上等白玉籽料被皇宫贵族确定为帝王用玉，从此蒙上了至尊至贵的神秘色彩。如今，白玉早已走进寻常百姓家，成为人们崇尚美好的艺术载体。现在是“众人拾柴火焰高”，白玉身价陡增，其中的羊脂白玉即使“一两换十金”，也很难觅求。很多人对和田白玉的向往、爱好和追求，达到几乎痴迷的程度！对于收藏者来说，机会当然更不能错失。得一美玉，佩之挂之把玩之，其乐无穷；或作为保值升值的举措，或作留传后代的珍品，意义颇多。因此，目前白玉玉器的收藏大军空前壮大，中国玉器的收藏已与书画、瓷器的收藏并驾齐驱，且势不可挡，成为当前艺术品收藏和拍卖的大宗。

## （一）白玉原料的交易方式

在名副其实的软玉中，青海白玉和俄罗斯白玉在市场上出现，不过十几年的历史，它们的购销与当前和田白玉一样，完全是商品经济的交易方式。而清朝以前的封建社会，宫廷用玉都是宫廷派出专人到新疆采购，运到内地加工。清朝兴盛时期，新疆和田、喀什地区的玉矿，由清政府控制，需用玉料则派人上山开采或沿河寻找，老百姓不得随意采玉。官府采到的玉料，通过“玉石之路”，运到北京、扬州等地加工，制成工艺品后供宫廷享用。中国封建时代，新疆白玉几乎谈不上市场交易，也没有这方面的史料记载。

### 1 计划经济下的经营管理模式

新中国成立后，国家非常重视新疆和田白玉的生产和销售，新疆白玉原料同其他矿产一样，都归国家所有，并按照计划经济的模式进行统一的、有计划的管理与经营。玉石原材料由国家轻工部负责统一开采和销售。按矿产资源法，经批准开采出来的玉石，由轻工部根据计划统一分配调拨，不准私自买卖。价格也是按质分级，统一定价销售。分散的零星资源和国家指定的废弃残留矿体，才允许私人挖掘，但须办理采矿许可证。对分布在河流和农田的零星玉石，允许个人拾捡。个人采得的玉石，按计划经济管理模式，由新疆维吾尔自治区轻工厅指定的玉石矿或玉石收购站（如和田、喀什、且末、若羌等县收购站）统一收购，不允许私人贩卖。玉料由自治区轻工厅按计划组织分配，全国约二十个省市级的玉器生产骨干厂家才有配额，不允许生产工厂自行收购或私人购买玉石。调出新疆的玉料，必须持有新疆维吾尔自治区轻工厅签发的玉石出疆许可证，否则，有关部门将予以扣留。这些管理办法，在当时的历史条件下，起到了加强管理的积极作用。

附：1981 年中国轻工业部制定的新疆和田软玉的规格标准

| 种类 | 等级 | 具体要求 |
|---|---|---|
| 白玉（籽料） | 特级 | 质地细腻滋润、无棉柳、无杂质，块度在 10kg 以上者 |
| | 一级 | 色白、质地细腻、无棉柳、无杂质，块度在 2kg 以上者 |
| | 二级 | 色白、质地细腻、无棉柳、无杂质，块度在 0.5kg 以上者 |
| | 三级 | 色灰白、质地细腻、无棉柳、无杂质，块度在 3kg 以上者 |
| 白玉（山料） | 一级 | 色白或粉白、质地细腻、无棉柳、无杂质，块度在 5kg 以上者 |
| | 二级 | 色较白、质地细腻、无棉柳、无杂质，块度在 3kg 以上者 |
| | 三级 | 色青白、质地较细、无棉柳、稍有杂质，块度在 3kg 以上者 |
| 青玉（籽料） | 一级 | 色青绿、质地细腻、无棉柳、无杂质，块度在 10kg 以上者 |
| | 二级 | 青色、质地细腻、无棉柳、无杂质，块度在 5kg 以上者 |
| 碧玉 | 特级 | 碧绿色、质地细腻、无棉柳、无杂质，块度在 50kg 以上者 |
| | 一级 | 深绿色、质地细腻、无棉柳．无杂质，块度在 5kg 以上者 |
| | 二级 | 绿色、质地细腻、无棉柳、无杂质，块度在 2kg 以上者 |
| | 三级 | 绿色、质地细腻、无棉柳、稍有杂质，块度在 2kg 以上者 |

## 2 商品经济条件下的经营状况

改革开放以来，计划经济体制下的那些管理办法被破除，各地区的玉石收购站相继撤销。代之而起的是民间自发形成的收购网络。玉石商贩直接从采玉者手中收购各种玉料，然后去当地销售，或贩运到乌鲁木齐，再转运到北京、上海、扬州以及河南等地；或与国内各地现存玉器生产骨干厂家接上关系，继续计划经济时期确

新疆采玉现场

立的业务往来。除此之外，还有上电脑网络同时（如“中国玉石网”、“东方网”、“中华玉网”、“中华博物网”等）推销的，以及组织旅游，吸纳游人观赏新疆独特风光之余，到和田白玉产地的河畔山麓，饶有情趣地捞玉、采玉的，经营一派活跃。

新疆和田上等籽玉原料。形态完美，玉质细而洁白，油脂性佳。

当然，最辛苦、风险最大的还是当地直接从事开采的维吾尔族山村民众。他们辗转于玉龙喀什河和喀喇喀什河流域，攀崇山峻岭采玉，潜入河床挖玉，人数多达千余名。这样露天操作，攀岩下河，不仅要承受野外风吹沙击，夏日冒40—50℃高温，冬季跨越冰困雪扰，确实千辛万苦。《太平御览》早有记载，指出古代那里的采玉，要“越三江五湖至昆仑之山，千人往，百人返，百人往，十人返”，因此，有人说“黄金是钱，钻石是价，而和田玉是生命”，很有道理。我们不能忘记他们。因为，没有他们的艰苦努力，就没有今天玉文化的繁荣。

人工磨制的“籽玉”原料

今天的商品经济机制，同时又激发了玉雕艺术创作的空前活跃。由于玉匠的创作或多或少地与经济效益挂钩，随着社会需求量的增长，他们的积极性和聪明才智也充分发挥，好作品层出不穷。这些年来，苏州、扬州、上海、北京等城市还出现了许多玉雕私人工作室、个体作坊等，其中既有从原国营玉雕厂家脱身而出的中青年艺匠，也有在专业单位打过工，后来自学成才，或继承父辈手艺脱颖而出的巧手，甚至还有来自新疆、河南、广东的玉匠，他们的作品虽然良莠不齐，但客观上补充了玉雕供应的不足，见缝插针，从另一个侧面扩大了中国玉文化的宣传和影响。

当前，玉料和玉雕作品的营运出现一派繁荣、活跃景象，但是，在商品经济的大潮里，由于各种利欲的驱使，未免鱼龙混杂，泥沙俱下，对此，我们不能掉以轻心。

## （二）白玉市场的商贸分析

进入新世纪以来，软玉白玉的收藏市场十分火爆，羊脂白玉更成为投资的一项新时尚。在全国范围内，当前白玉市场的状况喜忧参半，表现在以下四个方面：

### 1 白玉市场持续升温

在红红火火的白玉商贸运营热潮中，最典型的当是2004年7月，新疆和田地区举办的首届玉石旅游文化节。那时候的和田，投资界趋之如鹜。一位浙江籍实业家喜逢1.8公斤重的白玉籽料，如获至宝，爱不释手，当即就以50万元重金买下。他白天手捧白玉，逢人便夸，晚上抱着这块美玉入睡，与玉有缘，被人誉为“玉痴”，成为那次玉石节上的一段佳话。

美人鱼

据2004年7月的《新疆日报》报道：老农阿巴拜克在新疆和田玉龙喀什河采到一块美玉，这块籽料原石重达71公斤，质地细腻、纯洁浑白，堪称和田玉中的精品。据玉石业内人士称，近10年来，还没有发现过这么大、质地这样好的和田原石。按当前1公斤羊脂玉价值10万多元计算，这块玉石原料价值可达800多万元。据说，很快

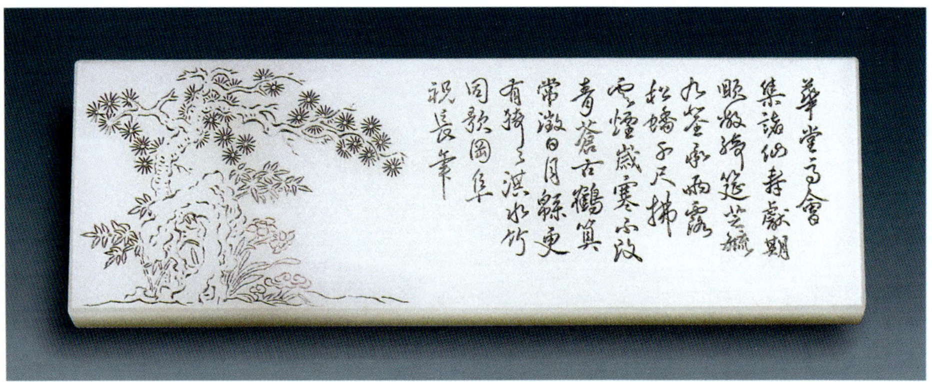

诗画白玉牌，易少勇大师创作。

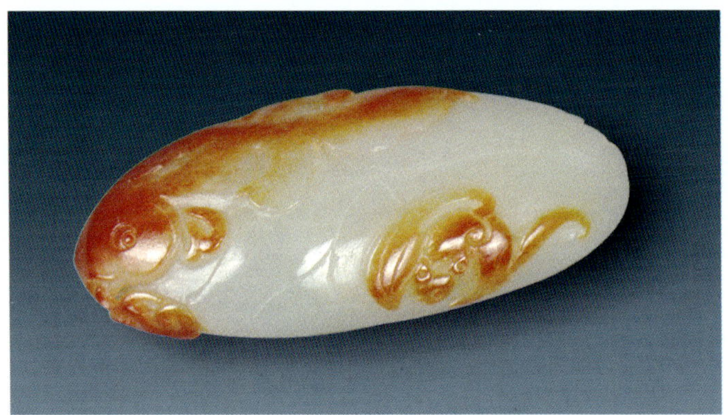

白玉俏色雕作品《荷塘金鱼》。

就“物换新主”了。

近几年兴起的收藏和田白玉之风，引起和田玉料，特别是籽料价格大幅度上涨。20世纪五六十年代，新疆山料每公斤只卖3至4元，籽料每公斤50至100

元。四十多年后，2003年底，一般的新疆和田籽料是每公斤2万元左右，到2004年下半年已涨到了每公斤5万元，连以前不怎么看好的山料价格也一路狂涨，2003年市场上每公斤300～400元还鲜有人问津，到2005年普通山料在矿区买的价格就是每公斤600～700元，运到和田市就涨到每公斤1000元，运到乌鲁木齐就变成每公斤2000～2500元，到了上海、扬州、北京等地更高达每公斤3500～4000元。而现在上等和田玉籽料可卖到每公斤20～30万元，有些特好的羊脂白玉以块论价，已远远超过黄金的价格。四十多年的时间，新疆和田白玉

用上等白玉籽料雕琢的玉牌

的原料上涨了2000多倍。俄罗斯白玉也一路追涨，带红皮的俄白料，价格也在每公斤8000～20000元，一般的也要超过每公斤3000元。青海白玉有白度的每公斤2000～4000元，一般毛料则在每公斤300～800元。业内人士认为，作为一种不可再生性资源，和田玉的收藏价值将越来越高，市场前景十分可观。

## 2 白玉投资出现三大趋势

投资白玉艺术品，看中的就是它的巧夺天工而具有的艺术内容和作为稀有矿物所形成的非再生性。而且，以白玉工艺品为代表的玉石雕刻类艺术品也是惟一一种可以以“零散资金”投资而获得规模性回报的投资。艺术品投资的投资对象是单个实体，是现货投资形成，而且因为像新疆白玉这一资源的稀缺、不可再生，目前已经成为奇货可居的品种，受到了数量上的限制，所以不存在洗盘、震仓的市场常规操作手法。

其实，在艺术品投资市场中，优秀的艺术品永远都是稀缺的，也是不可能大批量复制的（名人字画作品、玉雕珠宝工艺品等都具有这种无法复制的惟一

白玉籽料挂件

籽料白玉把玩件《鸿运当头》

性），后入市者只能从原有投资者手中获得筹码，这也确定了市场整体向上的运行轨迹。

白玉的拍卖市场从近年开始不断火红，已成为当代艺术品市场繁荣的一支兴奋剂。从目前的发展态势看，有三大趋势值得我们关注：

**（1）明清白玉玉器在拍卖市场的强势地位，趋势日益明显。**

上世纪90年代以来国民经济的发展持续增长，市场繁荣，但股票市场的低迷，以及近几年房地产市场所造成的经济泡沫，给投资者很大打击，因此大量资金投向艺术品便成为潮流。近几年来，全国范围的艺术品拍卖热火朝天，正是它的生动反映；而拍卖中，明清玉器一直被追捧，则是很多人始料未及的。

明清玉器多传世玉，器型完好暂且不说，它所用的材质优秀，多属洁白无瑕的新疆和田玉，加上雕工精细，艺术感染力强，就很受人青睐了；当然，这里还有一个重要原因——明清玉器的造假几率远远低于书画和瓷器，所以，投资幅度更优于书画、瓷器，拍卖的成交率居高不下。2001年12月北京瀚海所拍“清代白玉狮纽鼎式长方香炉”，估价100～150万元，成交价247.5万元。2001年，小件玉饰玉佩1～2万元都能成交，2003年在上海的一个拍卖会上，一块刻有刘海戏金蟾图案的白玉牌，以8000元价格起拍，经过激烈竞争，一直飙升至3.8万元才成交。到了2005年年底，书画拍卖出现波折，玉器价格仍稳中有升；2006年秋在上海的一场新疆和田白玉专题拍卖会上，一件长5–6cm、约60克的白玉籽料把玩件，起拍价为2万元，竞价后，最终以15万元成交。

**(2) 当代名匠创制的高档白玉作品和高档白玉成为投资热门。**

如前所说，新疆白玉日渐稀缺，价格远远高于黄金，而现在玉雕名家也往往专门选新疆白玉施展手艺，尽情发挥聪明才智，创作的作品于是美轮美奂，供不应求。当前，一块羊脂白仿子冈牌，四五厘米见方，厚约1厘米，精致华贵，惟妙惟肖，价格都在30万元上下，有些已达50万元一块，很多人还以觅不到货为遗憾。因为，这类艺术品也许还有很大的升值空间。

前面介绍2004年7月，新疆和田地区举办首届玉石旅游文化节的一些情况，现在时隔不过几年，白玉投资之风更热，很多原来对玉很陌生的金融、实业和商界头面人物受到影响，也积极安排人员学习、了解，为掌握确切产地和行情，甚至打电话到出玉器图书的出版社，进行咨询，他们想在高档白玉投资中大显身手的举措，让人们更真实地感受热门的炽盛。“只要买进真货，不怕价格贵”几乎成为目前一句流行口语。而从业内传出的“只输时间，不输金钱”理念，提出当前白玉玉料日趋紧缺，高品质玉料的价格呈几何级数增长，今天买下的真货看似价高，但是半年一年后再去买同样的玉料，就会感觉到半年一年前买的真货实在便宜，则更进一部鼓舞了人们的投资热情。

精美的新疆白玉籽料作品

然而，玉器、玉料的运行，毕竟是很独特的专业，千百年来形成的诸如“上家”“下家”的运行网络，业外想自行铺设或一蹴而就，又谈何容易。中国的玉文化发展到今天，出现如此盛况，令人欣慰；中国玉文化的弘扬，中国玉器的今后的发展，还有赖于各行各业的关心与支持；作为一种友情提示，我们衷心祝愿玉文化爱好者在这条路上能与我们一起顺利地走下去，以取得成功为惟一目标。

**(3) 民间收藏玉器蔚然成风，民间对玉的投资的普遍性超过历史上任何一个时期。**

由于中国玉器表现出很好的审美价值，它的装饰美，它的寄托作用（如纳福、求吉祥）始终是全国人民喜闻乐见的，因此，民间购置玉器、玉佩和挂件的非常普遍。现在玉器材质的珍贵稀缺，路人皆知，所以人们都更愿意拿出一些钱投资到玉器小件上。民间对玉投资表现出三个方面的意义：一是装扮美化自身，又能图吉祥，寄托自己的愿望；二是投资有回报，小投资大回报，留给后人也是一笔财富，并且容易收藏；三是用这些小件玉器馈赠亲朋好友，作为中华民族的一种传统，今天又时兴起来，它既稳当又显隆重，同时也表达了对亲朋好友对客人的良好的祝愿。根据最近的统测，购置和收藏玉器的城市居民，约占城市人口的30%，这个比例是远远高于其他艺术品的收藏。

随着整个国家和民族的繁荣富强，随着全民族文化素质和艺术欣赏水平的提高，以白玉为代表的中国玉器收藏和投资热，今后还将进一步升温。我们殷切的期待这一天的到来。

## 3 白玉选购的四个误区

玉器收藏热吸引了成千上万人，很多人由于不了解白玉的相关知识，在选购、投资的过程中步入误区，走了不少弯路，例如：

### (1) 误以为“只有新疆白玉才算是真正的白玉”。

最近三四年，由于新疆白玉产出的锐减，而民间收藏玉器走向深入，人们把注意力集中到的新疆白玉，宣传、介绍存在一边倒的倾向，在市场上出现的俄罗斯白玉、青海白玉虽然同属软玉，却因此遭到了冷落。其实，新疆白玉、俄罗斯白玉和青海白玉都很珍贵，它们的化学成分和矿物组成基本相同，只不过产地不同，而存在结构和外观特征方面的差异。这就好比黄金，同样是黄金，但有9成金、8成金和7成金……之分，各人的情况、经济条件、喜好都不一样，所以现实生

和田白玉《和合二仙》

活中人们不一定都会挑9成金。现在似乎是千军万马奔“和田”，都吊在一棵树上，这就容易走向极端。事实也如此，大家都盯着新疆白玉，供不应求，自然形成奇缺，于是，造假、以次充好，蒙骗人的欺诈行为屡屡发生，很多人上当了。如果大家都头脑冷静下来，也许会觉察到俄罗斯白玉和青海白玉的产出，量也不大，也是有很多升值空间的。新疆白玉，尤其是新疆籽料，在细腻度、光泽、白度、内部结构等方面优于其他地区的材料，这只不过是一般现象，上等的俄罗斯白玉、青海白玉也有优越于普通的新疆籽料的，其价格也会超过新疆籽料。上等极品俄罗斯白玉籽料，细腻、纯白，油脂感强，早已成为众多收藏家们追抢的、可遇不可求的宝贝。因此，认为“俄罗斯白玉、青海白玉是假白玉”，就更错了。

俏色雕白玉挂件

最近，一些学者提出：白玉能否像钻石那样，突破地域产地的条条框框；既然衡量钻石品质能拿出4C标准（净度、颜色、重量和切工）的分级思路，衡量白玉是否也可以建立颜色、质地、净度的评价分级系统，以白度、细腻度、油脂度以及适中的透明度等指标进行检测，框定各种白玉的真正价值。但是，白玉的组成因素比钻石单一的组成因素——碳（C）要复杂得不知多少倍，根据目前的科学条件，不可能理出具体的分级评价标准。

### （2）误以为“具有白度的白色玉石都是羊脂白玉”

本书在上编中已经提到：作为和田软玉中的极品，羊脂白玉由固定的化学成分、结构组成，较好的和田白玉与之相比，也存在差别。请看下列对比表：

| | $SiO_2$ | $T_2iO$ | $Al_2O_3$ | $Fe_2O_3$ | FeO | MnO | MgO | CaO | $Na_2O$ | $K_2O$ | $P_2O_5$ | $SO_3$ | $CO_2$ |
|---|---|---|---|---|---|---|---|---|---|---|---|---|---|
| 白玉 | 56.15 | 0.08 | 1.02 | 0.62 | 0.78 | 0.18 | 24.08 | 13.20 | 0.21 | 0.10 | 0.08 | 0.11 | 1.20 |
| 羊脂玉 | 56.08 | 0.00 | 0.79 | 0.50 | 0.78 | 0.07 | 24.82 | 13.23 | 0.21 | 0.10 | 0.03 | 0.16 | 0.56 |

但是，在商贸过程中，测定的程序那么复杂，人们又不可能将精密的仪器带在身旁，所以，多年来业内对羊脂白玉逐渐有了一个不成文的约定俗成的标准，认定羊脂白玉应该是新疆白玉中具有柔和的白度和较强的油脂度，质地又非常细腻的籽料。这个标准对经验丰富、见多识广的业内人士来说，掌握并不难，但对玉器收藏爱好者或广大读者来说，因为缺少参照，东西拿在手里就像进入云里雾里而琢磨不定，结果，往往错把有白度的一般玉料，例如俄罗斯白玉、青海白玉，甚至将白色大理石等当羊脂白玉买进，上当了还不知道怎么回事。

其实，现在羊脂白玉的矿源已经枯竭，新出的实在不多。早先产出的，绝大多数已制成艺术精品，被有识之士所珍藏或陈列在珠宝商行，还有一些被专业厂商和艺匠留着，等待有好的创作题材再动刀，非常珍惜。因此，玉器收藏爱好者或广大读者选购时，要多长心眼，最稳妥的还是到固定的珠宝、工艺品商行去选成品，因为一般来说，那里的公信度较好。

### (3) 误以为“只有投资古玉才有升值空间”

中国古代玉器是一种艺术品，古代玉器的价值由历史的、文化的、艺术的和材质的这四方面因素组成。它与一般意义的考古文物相比，共同点是都有历史、文化内涵，不同之处表现在古代玉器还有它的独特的艺术魅力和制作所用材料的珍贵上。近几年来，明、清两代玉器的拍卖成交价格之所以会高过明代以前的古玉，正因为明、清玉器所用材料绝大多数是和田软玉；玉雕工艺发展到明、清时，集大成而到了炉火纯青的境界，艺术性更强，而现今在市场上流行的明代以远的玉器，则精品很少。这说明决定玉器的价值，“料”和“工”同样是不可或缺的重要因素。乾隆朝一个干白底、没有翠的翡翠板指，绝对没有民国初年所出冰种满色的翡翠板指价值高，同样，乾隆朝的一个青玉板指也绝对没有当今一个枣红皮羊脂玉的板指价值高。其道理都一样。

事实上，许多收藏爱好者已将重点转移到以白玉为主体的新工玉器上，古玉与新玉作为一个整体，已上升为当代收藏潮流中继书画之后的第四大热点，异军突起，方兴未艾。现在看来，收藏现代白玉，至少有以下优势：一是其白玉材料资源的稀缺、不可再生性；二是雕刻大师们的作品有限、不可复制性；三是集玩赏、保值于一体。可以断言，投资收藏现代白玉艺术品，前景似锦，有很多升值空间。

和田籽玉《赏菊图》，国家级玉雕艺术大师顾永骏创作。

### (4) 误以为“只有佩戴古玉才能够避邪”

“纳吉避邪”是中国几千年玉文化传统中的一个非常重要的内容。读中国玉器发展史都会发现：历史上各个时期，人们之所以把现实生活中如何趋富纳吉、如何避邪免祸的希望，都不约而同地寄托在玉器上，其渊源就在古人对玉（料）的身世不可知的神秘认识上，都是对几千年来“玉（料）是‘神灵之物’”的宣传的认可。用现代语言来说，即“信不信，由你了”。

其实，玉器有新旧之别，而玉（料）本身无所谓新旧，它在人类诞生之前就静静地躺在地球的某些地方，已经有亿万年了，只是人们发现有早有晚。古人握玉与今人握玉，感觉都一样；用手轻轻地抚摸、再抚摸，就像抚慰光滑的肌肤、柔嫩的心，当你由此产生一种温和的感觉时，你或许也会意识到那正是另一种生命的存在，这样，你和古人的思想就有了共鸣。甚至，有人以为玉不会辜负你丝丝缕缕地滋养，它就像有灵性的鸽子，即使放飞也记得回家；经由你手滋润的玉，必定会留住你生命的信息，除非它灰飞烟灭不复存在。

总之，提出“只有佩戴古玉才能够避邪吗”？”实际上是在问“佩戴新玉能否避邪”，说明今天把现实生活中如何趋富纳吉、如何避邪免祸的希望，想寄托在玉器上，也大有人在，说到底，这是人类一种久远文化现象的传承，一种幸福美满的象征。

## 4 当前白玉市场的“六大怪”

进入商品经济领域，玉料的买卖出现许多新气象，五光十色的，让人看得眼花缭乱。因为产地实行承包制，没有了国家的统一调拨，为了推销，为了采购，人们四处奔波，经营者的聪明才智由此得到充分发挥。有人用顺口溜的形式描绘白玉市场的一片活跃，叫做：“拷克装玉满街跑，以块论价多计较；看中玉皮即成交，新玉也要领风骚；山料滚磨冒籽料，小颗碎料成串销”。并称之为“市场‘六怪’”，非常生动。

盛装玉料的拷克箱

第一怪：商品经济产生竞争，坐等已经行不通了，外出销售图方便，于是把玉料装进拷克箱，拎着它走南闯北，现卖现炒，很灵活。但日长持久，拷克箱里的货有的就“变戏法”——掺假。

第二怪：计划经济时代，白玉以重量计价，延续到今天，普通玉料虽然仍以重量计价，但是，好料少，“奇货可居”，就以块数论价。行家们凭经验，估价能八九不离十。涉世不深者，卖主的一番花言巧语，往往晕头转向。

第三怪：经验告诉我们，皮色理想的白玉，质量都好。新疆和田籽料带秋梨皮色的，因为内在的白度、细腻度以及凸现的油脂感都很到位，价值更高。带皮色的白玉，古已有之，用作巧雕，留存到今天，便平添一份古韵。所以，爱好者钟情带皮色的玉，市场上以皮色论价，甚至同等质量下，有皮色的玉料价格高于无皮的，都无可厚非。但是，只重皮色，只看表面而忽略内在的质地，那就走岔了道。说是“先买皮再买白”，由于当前皮色做假滋蔓，结果因片面注重皮色而受骗跌跤的不少。带有漂亮皮色的、货真价实的籽料能引众多爱好者竞相收藏，这是因为它既可保值，配上底座又可观赏；倘若匆匆忙忙雕成作品，过段时期可能不再流行那种款式，反倒不美，还不如维持原石原貌，可塑性强，以后的升值空间也大。所以，现在收藏原石也成为时尚。

和田籽玉山子雕《罗汉》，玉质温润，脂性好，雕工也好。

第四怪：如今，大家对玉雕艺术品的要求很高：料要好，工艺要精湛，同时造型要美。三个条件都具备的，清三代有之，再远的就很少了。因为，清代以利用和田籽料雕琢的工艺品能留存到今天的，早已聚集在博物院和个别大收藏家手中，轮不到广大收藏爱好者。当代开采新疆和田玉，量之多是史无前例的，当代玉雕工艺的总体水平也高过历史上任何一个时期，因此，识世的能工高手未雨绸缪，早早地收购进上等的玉料，精工细作，创造出不少优秀作品，现在件件都成为抢手货。这些新玉在当前民间收藏的热潮中，光耀八面，独领风骚，价格要高过拍卖市场亮相的一般古玉。

第五怪：当前民间收藏白玉出现“一边倒”：一味追捧和田籽料，而看轻山料。实事求是地讲，一般山料的质地是不如籽料，因此，在大小、重量相等的情况下，籽料的价格是山料的几倍甚至几十、上百倍。然而，现在山料存货太

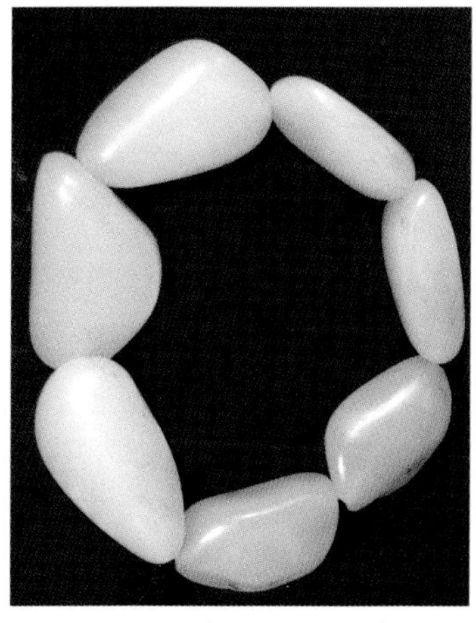
将小的白玉籽料串成圈，套在手腕上，很有趣。

黑、白玉金蟾手串

多，相对籽料而言，价低，因此，有人就将质地较好、外观白润的山料玉，磨去棱棱角角，搞成浑圆状态，冒充籽料到处兜售。这很容易让人上当。

第六怪：商品经济社会，经营者们一般都会精打细算，现在籽料那么紧俏，又很能赚钱，因此再小的白玉籽料，甚至黄豆般的碎籽也当成宝贝；新疆贩料的商人在这些小料上打一洞眼，然后将大小、色泽基本一致的串圈卖出，孰料也很受欢迎。一些爱好者凑趣，买了就套到手腕上，既招摇，又浪漫，眼下挽此样“手链”的多了起来，也不失为新潮流中的一奇。

## （三）白玉原料评估要诀

在所有的白玉中，和田玉的价值高于俄罗斯玉、青海玉和河磨玉，有的相差数倍，有的甚至相差数十倍；至于非软玉类的各种白玉石，价值相差更大。这是一般规律。但实际操作中，各个产地所出玉料也存在很多差别，甚至，真正好的俄罗斯山料白玉，它的质地超过目前所出的和田山料白玉；块度大而质地细润的青海白玉，也有胜过和田籽料的，个别的几乎具备“羊脂白”的品质。所以，我们对白玉原料优劣的衡量和评估，不能一概而论，具体的玉料要具体对待，切实地掌握对白玉原料评估、鉴定的真本事。对白玉原料评估，可以归纳为对“白”、“润”、“细”、“韧”、“俏”的审视与判断，我们称此为“五字评估要诀”。

——“白”是白玉的颜色特征。当今世界，有不少国家出产软玉玉料，但在年产总量800吨的玉料中，各种成因或由各种原岩形成的软玉，以绿为主色调的深色玉占绝大多数，浅色软玉很少，白色软玉更少。这种稀少的白色软玉仅产于中国新疆和田地区、青海省格尔木市西南角和俄罗斯希布里雅特自治共和国贝加尔湖附近，以及中国辽宁省岫岩县白沙河河谷。

白玉圆雕作品《弥勒佛》

白玉给人的第一眼感觉就是色泽的白。然而，接触过各种白玉之后，你就意识到白有多种色调，如：润白、僵白、燥白；脂白和透白；冷白与暖白；青白、灰白和粉白，如此等等，不一而足。并且，不同的白，各有人喜欢。孤立地去观察某一块料，就更说不出所以然了。不同的白，还往往与产地联系在一起，价格也不一样，而且还要根据各人的购买能力。但是，以下三点我们必须注意：

白玉俏色雕《童子养鹅》，匠心独运，巧夺天工，由此而产生的艺术审美价值隽永、奇特。

1. 不见阳光不观玉。鉴赏玉应该把玉放在自然光即白天的日光下，不要放在灯光下。因为各种灯的光线不一样，往往影响我们对玉的色泽的正确判断。

2. 如果你希望今后的收藏有升值空间，就不应该取已经确准是僵白、燥白的料或器；如果让你在脂白和透白之间选择，只要经济条件容许，就不选透白，而尽可能往脂白方面靠。

3、要懂得白的各种色调都不是孤立存在，它们与玉的内在质地有千丝万缕的关系。因此，选玉时不能光盯在色调上，应该综合玉的质地的各个方面的考量。事实上，色泽与内在的质地自然而然地搭配，搭配得好就是优质玉；新疆和田籽料之所以普遍叫好，就是色与质搭配得好；搭配得天衣无缝，就是“羊脂白”，那简直令人叫绝！

——“润”，即温润、滋润。我们审视一块具体的玉料时，“润”相对干、燥而言。“温润”指的是手触摸玉所产生的一种感觉感，古人用“体如凝脂”来形容，就像抚摩健康人体的肌肤，温和而润滑。“滋润”则是白玉油脂性光泽给人的一种视觉上的愉悦，它的油脂性光泽不强不弱，不亮眼，文雅而柔和。像新疆和田白玉籽料，由于长期受河水冲刷、浸润，去粗取精，去伪存真，汲天之灵气，取地之精华，晶凝入脂，就精光内蕴，体态滋润。我们在选玉时，应该尽可能地寻找和或多或少地体验到这种温润、滋润的感觉。

——“细”，指玉的内部结构紧密，像新疆和田白玉，它的透闪石含量高达99%以上，含杂质极少，所以其微晶颗粒非常细微（0.0063×0.0036mm左右），大小均匀，并且很均匀地呈无定方向密集分布，我们在偏光镜下看不清它的形态，电子显微镜下才显示出的柱状晶体。正是这种独特的结构特征，造就了新疆和田白玉脉理坚密、质地细腻、洁净无暇的品质。对“细”的审视与判断，要从三个方面着手：

1. 对光察看玉料体内，它应该是脉理坚密，多毛毡式结构；

2. 与大小相似的玉料相比，放在手心掂分量，相比较而言，它应该有沉甸甸的感觉；

3. 由于内部结构紧密，它的色泽也显得浓重，犹如一杯浓浓的牛奶，白得很厚重，而不像稀释的牛奶，白得薄，白得有点透明。业内人士称之为“白得紧”、“白得松”。白得太紧——僵、板；白得太松——透，都不理想。

——“韧”，指的是和田白玉刚韧兼备的品质，它不容易断裂，经得起雕琢，也便于收藏。而一般俄罗斯玉、青海玉就脆性大，上机器磨雕容易崩裂；岫玉既易断裂，又缺少硬度，所以它容易受刀，而且受刀处往往起毛。

——“俏”，即皮俏。和田白玉都有外皮。有外皮的玉料，自古至今均称之

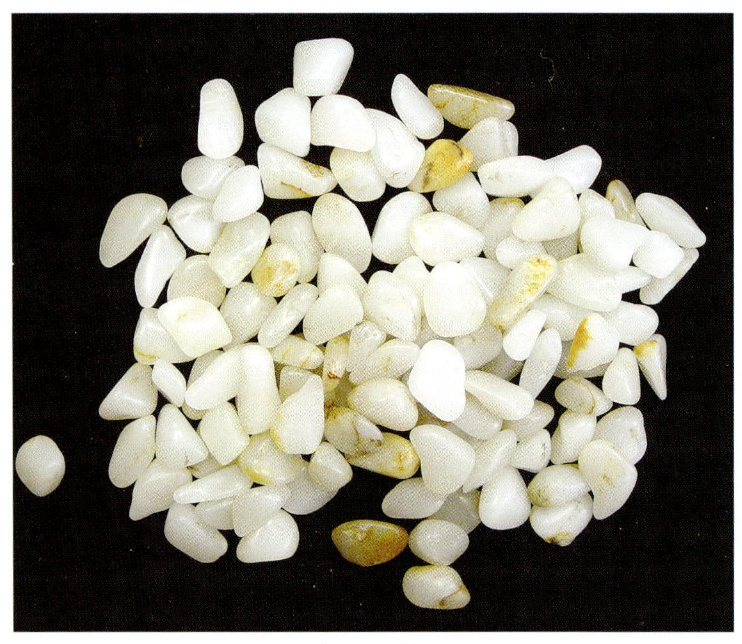
和田玉小料

白玉摆件《大白菜》

为“璞”。人们选玉重皮，是因为：1. 一般情况下，从皮色可以看出玉了的质量，本书前面已做过介绍，这是经验使然；2. 色皮可以满足玉器设计加工的需要，可巧作俏色，增加作品的艺术表现力。所以，“有皮者价尤高”已成为现代白玉市场商贸的一种游戏规则。甚至，皮色俏丽的玉料不经雕琢，就当作艺术品配上座架了。

自古以来，品玉都遵循“首德次符”原则，玉的内在质量始终是第一位的，它应该成为衡量玉石优劣的首要标准。在内在质量相同的条件下，外在的色皮才起一定的作用。更何况现在皮色做假的很多，所以我们不能过于迷信皮色。审视与判断“皮俏”，着重点在作品的俏色巧雕上，看作品对皮色的借用是否自然，像是神来之笔，有灵性而优美动人。

总之，白玉的“白、润、细、韧、俏”这五个方面的内容是相互联系、互相作用的，它们之间自然形成各种各样的组合，体现了各个不同的白玉玉料，品位、价值也不一样。我们应该统一起来去考察，认真把握。

## 三、白玉艺术品的价格走势

随着我国人民生活水平的日益提高，人们越来越重视投资理财，投资理财的方向也逐渐转向收藏品。玉器在琳琅满目的收藏品中，以其优越的特性，越来越被广大收藏爱好者喜爱、认可。随着对玉器需求量的增加，市场也在不断

这块和田籽玉的质地虽然比较细腻，但色泽不够白。

地扩大。但是市场发展的速度，需求量的增长与原材料供应量不成正比，造成需大于供，特别是高档的和田玉更是奇缺难寻，以至于形成近几年来和田玉价格的跳跃式增长。

我国在计划经济时，和田玉价格由国家指定。在市场经济条件下，和田玉的价格就由市场决定，市场是检验商品的最佳标准，也是决定商品价格的权威；近25年来，和田玉原料价格的变化足以证明这一点。

据新疆维吾尔自治区宝玉石协会统计：

1980年　一级和田白玉山料：每公斤80元
　　　　一级和田白玉籽料；每公斤100元
　　　　——以上是计划经济下的国家指定价
1990年　一级和田白玉山料：每公斤300～350元
　　　　一级和田白玉籽料：每公斤1,500～2,000元
1995年　一级和田白玉山料每公斤800～1,000元
　　　　一级和田白玉籽料每公斤6,000元
2000年　一级和田白玉山料每公斤2,000元
　　　　一级和田白玉籽料每公斤10,000～12,000元
2003年　一级和田白玉山料每公斤4,000～6,000元
　　　　一级和田白玉籽料每公斤30,000～35,000元
2004年　一级和田白玉山料每公斤8,000～10,000元
　　　　一级和田白玉籽料每公斤60,000～80,000元
2005年　一级和田白玉籽料每公斤100,000元以上
2006年　一级和田白玉籽料每公斤300,000元以上，上好的以块论价。

从以上数据看出，和田玉原料的价格一路上升，特别是和田籽玉原料价值增长速度之快，实在令人惊心动魄，短短二十几年，价格增长近千倍，没有一种商品价格的增长速度可与和田玉籽料相比。

中国玉器自20世纪80年代中期以来，愈来愈受收藏、投资界关注，近20年内，古玉器价格的增长幅度已达250%，个别的已有数十倍之多。古玉中，明、清两代玉器更为得宠，本书前文中已作介绍，今后它的升值空间仍很大。

目前，由于和田籽玉骤减成为客观事实，新玉精品也被普遍看好，受众多收藏家追捧。其中，羊脂白精品子冈牌的价格一路攀升，单价25万元人民币还拿不下来。以至于2006年8月上海一家拍卖公司组织的现代白玉专场，办得红

白玉《链条炉瓶》

红火火。从拍卖现场看，1、籽玉作品深受欢迎，展示的一百多件作品，成交率80%以上。2、拍品以挂件、手件为主，起拍价与2005年的行情不分伯仲，都在1万元上下。成交价有很多都高出。3、山料玉器不太看好。4、上等籽玉很抢手，例如一块144克的玉牌，不事雕琢，几乎是光牌，起拍11.8万元，当即成交；一尊罗汉籽玉摆件，起拍4.6万元，也随即成交。从总体上看，玉料市场的涨势，对成品的影响暂时还不明显，今后如何就说不清楚了。热心的读者应密切关注今后的发展态势，把握时机，争取获得成功。

# 主要参考文献：


1. 那志良著：《玉器通释》（上、下）台北开发书局1964年版
   《中国的玉器》广文书局1972年板
2. 梁永铭著：《宝石和玉石》　地质出版社1979年版
3. 杨汉臣著：《新疆宝石和玉石》　新疆人民出版社1985年版
4. 桑行之等编著：《说玉》上海科学教育出版社1993年版
5. 李英豪著《保值白玉》　辽宁画报出版社2000年版
6. 许燕贞编译《中国玉》台北市：艺术图书公司1990年版
7. 杨伯达主编《中国玉器全集》河北美术出版社1997年版
8. 张兰香、钱振峰著：《古今说玉》上海文化出版社1997年版
9. 唐延龄、陈葆章、蒋壬华著《中国和田玉》　新疆人民出版社、台湾地球出版社1994年版
10. 赵永魁、张加勉著《中国玉石雕刻工艺技术》　北京工艺美术出版社1994年版
11. 祝君波著:《艺术品拍卖与投资实战教程》　上海人民美术出版社2006年版
12. 《矿床地质》1996年第15期增刊　地质出版社
13. 《岩石矿物学》2002年第21期增刊　地质出版社
14. 欧阳秋眉编撰《翡翠全集》　香港天地图书有限公司1995年版
15. 郭守国编著《珠宝玉石》　上海书店出版社2001年版

# 后 记

进入21世纪，一晃6年又将过去。这6年，有关玉器的民间鉴赏与收藏，以白玉和白玉玉器为标志，正进入一个崭新的历史发展阶段。

盛世兴收藏，"众人拾柴火势旺"，在这样的态势下，玉材就供不应求了。这好像是一条规律。但是，新疆优质和田玉资源的骤减，却是一个非常重要信号的发出，它催生了投资白玉玉器的紧迫感，同时也激发了人们对白玉玉器的更为强烈的求知欲望。我因十多年前与张兰香总经理合作写过《古今说玉》，很多读者、收藏爱好者抬爱而纷纷来电、来信垂询，而内容往往就集中在对白玉的各种品质如何认识、鉴别，对各种白玉玉器的艺术性、工艺怎么正确把握上。

通过这些年的共同探讨与交流，我非常真切地感受到珠宝玉器业的从业人员，其实也都面临需要继续学习、更新专业知识的考验，也存在一个如何适应新形势的问题。因此，新年伊始，在有关部门的支持下，心急火燎似地邀集几位同道和专家，酝酿起新教材的编写。

上海文化出版社对文玩市场的新动态，始终很敏感。他们约写这部书稿，希望能运用当今科学知识去诠释中国几千年玉文化中对白玉的认识与理解，具体讲述鉴赏和行之有效的鉴定方法。这些要求远远高出教材的编写。因此，深感书稿编撰任务的艰巨。而且它还有完成的时间限制。现在，这本书终于能很快与读者见面，那是因为有教材酝酿、编写的底气存在；也庆幸有几位同道和专家的支持、帮助：同济大学朱静昌教授、上海市贵金属宝玉石质量监督检验站刘卫东博士在白玉结构与化学成分的分析方面，给我提供了一些珍贵资料；上海工艺美术品服务部有限公司珠宝玉器市场总监许荣福先生根据珠宝玉器生产经营40余年的经验，在传授鉴定方法上，提了非常实在的建议；上海文化出版社副编审马立群老师是一位古玩行家，他在书稿知识构架的完善和叙述内容的严谨上，起了很重要的作用。本书的照片几乎都是实物现场拍摄，那是候云洲、朱立群和傅积溟三位先生从近千件玉料和玉器中精心挑选，然后多角度反复拍摄而成，江薇女士的后勤事务也始终兢兢业业。因此，这本书虽然是我撰写，但是，如果没有他们的热心帮助，则难以完成，或者说短期内根本达不到现在这样的水平和质量。在撰写过程中，还先后得到上海市技术质量监督局李卫主任、国家轻工业珠宝玉石质量监督检测中心王吉林高级工程师、华东理工大学郭守国教授、长期在新疆工作而对白玉颇有心得的范耀彬先生、程建中先生、新疆宝玉石协会副会长马进贵先生、马学武先生、白玉行家刘月朗先生、国家级工艺美术大师江春源、顾永骏、汪德海以及夏林宝、殷正明、朱立明、汢洋等等许多业内同仁们的关心和指点，国家级海派雕刻大师吴德昇、易少勇以及沈水富等将其成功作品照片无私地奉献。著名金石书画大师、鉴赏大家韩天衡先生闻讯后，还特意为本书题字。所有这一切，都使人难以忘怀。我由衷地感谢他们。

这部书稿的编撰，重点放到了现当代的白玉玉料和玉器方面，以服从当今广大读者的迫切需要。考虑到先前已有《古今说玉》出版，这里古玉方面的内容是写得很简约的。本人水平有限，书中肯定会有不少疏漏，差错也难免，恳望能得到大家的批评指正。

钱振峰

2006年12月于上海工美珍宝馆

**图书在版编目(CIP)数据**

白玉品鉴与投资/钱振峰主编. -上海:上海文化出版社,2014.4重印

ISBN 978-7-80740-093-6

Ⅰ.白… Ⅱ.钱… Ⅲ.①白玉器-鉴赏-中国 ②白玉器-投资-中国 Ⅳ.①K.876.8②F724.787

中国版本图书馆 CIP 数据核字(2006)第152579号

责任编辑 马立群
封面设计 上海阿波罗文化艺术公司
装帧设计 何 以

**书 名 白玉品鉴与投资**
出版发行 上海文化出版社
地 址 上海市绍兴路74号
网 址 www.cshwh.com
印 刷 上海丽佳制版印刷有限公司
开 本 787×1092 1/18
印 张 12
图 文 210面
版 次 2007年3月第1版 2014年4月第11次印刷
国际书号 ISBN 978-7-80740-093-6/G·439
定 价 98.00元

**告读者 本书如有质量问题请联系印刷厂质量科**
**T:021-64855582**